Émile Peynaud
et Jacques Blouin

Découvrir le goût du vin

DUNOD

Photo de couverture : Ph © J.-L. Barde – Scope.

ISBN 2 10 004200 9

Sommaire

Avant-propos

« J'aime les bons vins, mais je ne sais pas déguster ». Combien de fois n'a-t-on pas entendu cette phrase dans la bouche de personnes qui, faute d'une initiation adéquate, n'étaient pas en mesure d'aller au-delà de l'appréciation immédiate d'un vin ? Situation d'autant plus regrettable qu'il suffit souvent d'un minimum de connaissances et d'investissement personnel, pour que s'ouvrent à l'amateur les inépuisables possibilités et richesses de la dégustation.

Chacun, avant même sa naissance, a l'occasion de sentir, goûter, toucher, entendre, puis, un beau jour, de « voir la lumière ». Chacun sait instinctivement choisir un tissu, une fleur, une musique tout en expliquant son choix : « plus chaud, plus odorant, plus entraînant… ». Mais peut-on se contenter d'un simple « je préfère » pour choisir une boisson aussi noble et délicate que le vin ? N'est-ce pas se condamner au diktat de l'étiquette, de la publicité, de la mode ou encore des habitudes ? Plus grave, c'est à coup sûr se priver du véritable plaisir de boire que seule la dégustation, qui permet de comprendre et d'expliquer ses préférences, peut offrir.

Ce que propose cet ouvrage, c'est tout simplement d'apprendre à « lire le vin », à en comprendre la personnalité, l'histoire, le devenir, les possibilités. Comme le disait un ami de longue date « un vin bien "analysé" dévoile tous ses charmes ». On peut alors en parler à son entourage, avec fierté, avec le plaisir de faire partager ses trouvailles.

Ce livre est le fruit d'innombrables rencontres, organisées ou imprévues, entre vins et palais. Joies simples ou plaisirs plus complets, elles nous ont démontré que nous sommes tous aptes à mieux déguster. Quelques lettres d'alphabet – les goûts et les odeurs élémentaires –, quelques mots simples – les enchaînements de saveurs et d'arômes –, un peu de grammaire – la structure des vins – et nous avons appris à « parler vin » comme nous avons appris à parler notre langue maternelle. Une langue étrangère nous paraît de prime abord toujours un peu étrange ; mais dès l'assimilation d'un vocabulaire et de quelques règles de base, nous prenons vite plaisir à nous entretenir avec un Anglais, un Espagnol, un Chinois… bien avant d'essayer d'intégrer son mode de pensée et sa richesse culturelle. S'il est difficile de parfaitement maîtriser une langue étrangère, il est presque toujours facile de commencer à comprendre et se faire comprendre. Que le lecteur se rassure, il en va de même pour l'art de la dégustation.

Dans le monde entier, et *a fortiori* en France, qui joue à cet égard un rôle de précurseur, on assiste à une augmentation rapide et régulière de la consommation des vins de qualité, au détriment des vins sans âme. Dans le même temps on observe une multiplication de textes sur le vin. Pour mieux choisir et mieux apprécier la diversité des vins de l'Hexagone et du Monde, pour mieux distinguer un bon vin, pour mieux déchiffrer le foisonnement de la littérature vineuse et repérer les bons conseils en oubliant les propos mal informés ou seulement publicitaires, il était nécessaire d'offrir à l'amateur curieux une initiation aux règles du bien goûter.

Le désir d'apprendre, quelques méthodes simples et une pratique entretenue permettront à tous de découvrir chaque vin, chaque mets, de façon plus complète, plus précise, donc avec plus de plaisir.

Mieux faire connaître pour faire mieux aimer : tel est, on l'aura compris, l'objectif premier de ce livre.

Jacques Blouin

CHAPITRE I

Usage et science de la dégustation

De jour aussi, le ciel est peuplé d'étoiles…
on ne voit bien que ce que l'on connaît bien.
Jacques Ninio, 1989.

QUELQUES DÉFINITIONS DE LA DÉGUSTATION

LA DÉGUSTATION EST UN ART ANCIEN. Déjà, en 1312, Philippe le Bel organisa en une compagnie les « Courtiers-Gourmets-Piqueurs de Vins », ancêtres de nos goûteurs d'aujourd'hui. Cette compagnie parisienne existe toujours. Pourtant, c'est en 1793 seulement que le « dégustateur » est défini par les lexicographes comme « celui dont le métier est de goûter les vins » ; il faut attendre 1813 pour que le verbe « déguster » apparaisse dans les textes officiels.

La consultation d'une douzaine de dictionnaires français et espagnols (« l'autre langue » du vin) permet de retenir quelques significations importantes du verbe qui désigne cette pratique si ancienne et si usuelle.

Déguster a plusieurs significations : goûter, essayer, taster, vérifier, analyser. Ce peut être aussi : apprécier, savourer, se délecter ou encore se régaler. Il arrive que ce mot revête un sens péjoratif : on l'emploie parfois comme équivalent de subir, d'endurer ou de souffrir, mais nous sommes alors loin du monde du vin…

Déguster un vin — ou un aliment — a plusieurs objectifs : décrire les caractères de ce produit et en déterminer les qualités et les défauts.

Déguster exige des qualités diverses : attention, mémoire, concentration, méthode, professionnalisme et attitude scientifique.

Si l'on s'en tient aux termes de l'Association française de normalisation (AFNOR), la dégustation est une « opération consistant à expérimenter, analyser et apprécier les caractères organoleptiques et plus particulièrement les caractères olfacto-gustatifs d'un produit ». Les œnologues préfèrent une définition plus précise, qui marque bien les quatre phases de l'acte gustatif : l'*observation* au moyen des sens, la *description* des perceptions, la *comparaison* par rapport à des normes connues et le *jugement* motivé. Ainsi Jean Ribéreau-Gayon, créateur de l'œnologie moderne, dit-il : « Déguster, c'est goûter avec attention un produit dont on veut apprécier la qualité ; c'est le soumettre à nos sens, en particulier ceux du goût et de l'odorat ; c'est essayer de le connaître en recherchant ses différents défauts et ses différentes qualités et en les exprimant. C'est étudier, analyser, décrire, juger, classer. »

Pour conclure, nous proposerons la formule suivante, sans doute discutable : *déguster un vin, c'est l'examiner attentivement à l'aide de ses sens pour en déterminer les caractéristiques, puis les qualités et les défauts.*

Par habitude, on fait de « goûter » le synonyme de déguster, de « gustation » celui de dégustation, de « goûteur » celui de dégustateur. On s'évertue parfois à remplacer le mot de « dégustation », jugé trop banal, par des périphrases non exemptes de pédantisme. On parle ainsi d'analyse sensorielle. Pour être clairs, nous resterons simples et nous en tiendrons au mot « dégustation ». De plus, dégustation et analyse sensorielle ne sont pas exactement synonymes. Le terme « analyse » dérive des mots grecs *analusis* (« décomposition ») et *analuien* (« défaire une trame, dissoudre, décomposer »). L'expression « analyse sensorielle » néglige donc le caractère global et synthétique d'une « vraie dégustation ». La dégustation d'un vin est bien plus qu'une analyse, au sens de la « décomposition » en éléments simples. Elle commence effectivement par une analyse, mais se termine par un diagnostic général, tel que : « Ce vin est parfait, moyen, ou mauvais », avec toutes les nuances possibles, sur l'ensemble ou sur une partie de ses caractères. Le dégustateur fait en somme de l'analyse sensorielle sans le savoir.

La dégustation est un art de mesure et de bon sens ; elle enseigne le bon usage des sens, l'introspection, la maîtrise des sensations, et finalement incite à la sobriété. Déguster est un art de vivre et tout se déguste de ce qui passe à portée de nos sens : l'œuvre d'art, les choses, les êtres, l'amour, le moment présent ou le simple fait d'exister. C'est une manière de voir le monde, un goût de la vie. Il y a une grande différence entre boire et déguster. Pour boire, le plaisir physique est suffisant ; pour déguster il faut en outre intelligence et compétence.

Comment alors définir l'« amateur » ? Il suffit de dire que la dégustation fait partie du « savoir-boire » et que l'amateur le sait. *Mieux connaître pour bien apprécier*, telle pourrait être sa devise.

RÔLE ET USAGES DE LA DÉGUSTATION

BIEN SÛR, LE VIN N'EST PAS INDISPENSABLE ; une part de l'humanité en ignore le goût. Il n'est pas non plus inutile et a des effets positifs. Mais, si le vin désaltère (ce qui n'est que partiellement vrai d'ailleurs), s'il apporte une contribution nutritive, hygiénique et calorique non négligeable à un régime alimentaire, c'est en supplément, en prime. Il est superflu, mais agrémente la vie. Le vin est un condiment, une gourmandise liquide, plus qu'une boisson désaltérante ou dotée de vertus nutritives. C'est sa fonction primordiale. L'essentiel, que seule la dégustation peut mettre en évidence, c'est le plaisir obtenu.

Déguster est la base de tous les métiers du vin. À chaque étape de la chaîne des spécialités, depuis la culture de la vigne jusqu'au service des vins sur la table, la dégustation est un moyen indispensable de connaissance et de contrôle, un système de détection sensible et rapide.

Le producteur, le chef de cave, le vinificateur n'ont pas de moyen plus instantané et plus efficace pour suivre la vinification, procéder aux assemblages, juger leur production ou surveiller la conservation. L'analyse chimique, pour utile qu'elle soit, est lente et fractionnée, alors que la dégustation est rapide, globale, praticable en toutes circonstances.

La dégustation du courtier, intermédiaire commercial entre le producteur et le commerçant, est celle d'un expert,

d'un conseiller, d'un présentateur, d'un juge. Il authentifie le produit acheté et s'en porte garant. C'est d'ailleurs parmi les courtiers qu'on rencontre le plus de compétences gustatives.

Le négociant, lui, goûte aux vins lors des achats et de la préparation des cuvées, aux différentes étapes de l'élevage et à l'embouteillage, jusqu'au moment de la mise en vente. Il ne signe la bouteille de son nom et n'appose son étiquette qu'après une ultime dégustation.

Les œnologues — officiellement apparus en 1955 — les techniciens, responsables des soins, de la présentation et de la stabilisation des vins, se doivent d'être, eux aussi, des experts dégustateurs. Ils ont l'avantage, sur les autres professionnels, de mieux connaître l'intimité du vin, sa composition analytique, depuis son élaboration jusqu'à sa mise en bouteilles. Ils sont ainsi capables de reconnaître la qualité ou le défaut d'un vin et d'en expliquer les causes. Ils peuvent remonter au passé du vin et prévoir son avenir. L'œnologie a pour double but d'expliquer le goût des vins et de donner les moyens de les parfaire. La dégustation, en tant que méthode de connaissance du vin, est la science introductive de l'œnologie.

Le premier outil de l'œnologue est le verre, même si son habile maniement ne suffit pas à faire l'œnologue ! Ce point de vue si évident, qui consiste à penser que la dégustation est indispensable à l'œnologie, n'a pas toujours prévalu. C'est en 1947, que le *Traité d'œnologie* de Jean Ribéreau-Gayon aborde pour la première fois en détail la dégustation. La dégustation était, ou demeure, trop souvent traitée comme un chapitre de la géographie viticole, comme une simple nomenclature des appellations et des crus. On oppose généralement la dégustation du consommateur et de l'amateur de vin à celle du professionnel : cette opposition n'a pas lieu d'être. Les premiers recherchent surtout l'agrément que procure la dégustation et se placent dans les meilleures conditions possibles, généralement dans le cadre des repas. Le professionnel, lui, goûte avec un esprit critique et traque plutôt le défaut éventuel, afin de le comprendre, de l'expliquer, pour que le consommateur final ait entière satisfaction.

Le restaurateur et le sommelier, outre l'art de servir les vins, doivent d'abord maîtriser celui de les acheter puis de les recommander. Comment pourraient-ils le faire s'ils n'étaient pas eux-mêmes rompus aux exercices gustatifs ?

Au bout de la chaîne, le véritable amateur est celui qui sait goûter et parler du vin. On apprécie d'autant mieux un vin que l'on sait reconnaître ses qualités et dire pourquoi il est bon. Un plaisir exprimé est grandi : les mots les plus simples sont souvent les plus justes. Comme l'écrit très justement Pierre Poupon « [...] le mot *goût* ne désigne pas seulement l'un des cinq sens... il désigne aussi cette aptitude à discerner les belles choses et à savoir en jouir. Le Goût devient un des sens de l'intelligence. »

DÉGUSTATION ET DÉGUSTATEURS

LA DÉGUSTATION EST LE SEUL MOYEN DE CONNAÎTRE RÉELLEMENT UN VIN. Chacun est capable de déguster, d'être ou de devenir dégustateur à sa manière. La consommation habituelle peut très facilement devenir dégustation : il suffit d'un effort d'attention et d'étude pour comprendre et jouir de ce qui est ressenti.

La dégustation est à la fois un art, une science, un métier et un plaisir : elle s'apprend et peut donc s'enseigner. Après que l'on a acquis les notions de base — l'alphabet de la lecture — par des leçons et des exercices appropriés, il faut goûter régulièrement en compagnie de dégustateurs qualifiés — comme on lit de grands auteurs —, capables d'exprimer ce qu'ils ressentent. La formation exige bien sûr effort, attention et persévérance, et le dégustateur, apprenti ou expert, est toujours seul face au vin et à ses sensations. Tout n'est pas communicable dans ce que l'on ressent et il y a une part de découverte que chacun doit faire pour lui-même. Comme pour l'alpiniste qui parvient au sommet de la montagne, la réussite est le fruit de son effort et son plaisir n'est que partiellement partageable.

Pour devenir un bon dégustateur, une franche perception des goûts et des odeurs est indispensable mais les meilleurs atouts sont l'intérêt et la passion. La majorité des gens ont les sens du goût et de l'odorat convenablement développés et, au prix d'un apprentissage, presque tout le monde peut devenir un bon dégustateur, novice d'abord, puis praticien, et enfin expert... Il y a des individus doués d'une grande sensibilité sensorielle mais cet avantage porte rarement sur tous les goûts et sur toutes les odeurs. En revanche, peu de personnes ont des anosmies ou des agueusies sévères (absence de sensations de l'odorat ou du goût) pour des raisons physiologiques. Si elles ne sentent pas certaines odeurs ou certains goûts, c'est souvent qu'elles ne savent pas les détecter. Le « Je ne sais pas déguster » de beaucoup est très probablement la conséquence d'un manque d'éducation du goût et de l'odorat dans nos écoles, qui privilégient la formation de la vue et de l'ouïe.

Le dégustateur, maître de son art, est froid et précis dans son analyse gustative, sévère dans ses sanctions mais chaleureux dans son jugement. Il prend parti sans refuser son plaisir. Sa qualité de critique ne l'empêche pas de s'enthousiasmer et de s'émouvoir. Il est capable d'étonnement et d'admiration.

Dégustateurs et auteurs sur la dégustation appartiennent à des « écoles » très diverses. Beaucoup se sont formés eux-mêmes au hasard des circonstances et de leurs rencontres avec le vin. La création d'écoles de dégustation ou de centres d'initiation universitaires, (inter) professionnels, commerciaux..., est d'ailleurs très récente — mais en rapide développement. À l'opposé des « autodidactes », il y a des rigoristes, qui considèrent la dégustation comme une branche des mathématiques ou de la physiologie. Il convient de trouver un équilibre entre l'empirisme et le rigorisme, entre la polyvalence superficielle et la spécialisation étriquée. Le bon sens et la passion pour cet art permettent de privilégier une dégustation complète, analytique et descriptive, logique et explicative, qui mesure et juge avec efficacité. Cette forme de dégustation fait appel à un vocabulaire précis, peut exprimer les caractères du vin par des mentions et des notes mais peut également, en cas de nécessité, avoir recours aux statistiques. Rigoureuse sans austérité, empirique sans laisser-aller, précise sans abstraction, elle doit être une rencontre chaleureuse entre le vin et l'homme. C'est cette dégustation œnologique, française, que nous souhaitons présenter.

La méthode utilisée actuellement est le résultat de l'interpénétration de deux courants gustatifs principaux. C'est une synthèse entre une école beaujolaise et bourguignonne (Chauvet, Orizet, Vedel...), qui a beaucoup fait avancer l'analyse et la description olfactives, et une école bordelaise (Ribéreau-Gayon, Peynaud), qui s'est montrée à l'origine plus attentive à l'équilibre des saveurs, aux notions de « volume en bouche ». La première, qui avait à juger des vins de cépage unique (pinot, chardonnay, gamay), accordait plus d'importance à l'olfaction et à la persistance aromatique. La seconde, qui devait apprécier des vins de cépages mélangés, caractérisés par la qualité de leurs tanins, s'attachait en priorité à la structure du support. On constate aujourd'hui que les dégustateurs bourguignons ne limitent plus leurs commentaires aux évocations olfactives et parlent volontiers des vins en bouche, alors que les Bordelais ont enrichi leurs commentaires sur l'arôme et le bouquet.

QUELQUES BONS AUTEURS

ON A BEAUCOUP ÉCRIT SUR LE « SAVOIR-GOÛTER ». Nous ne citerons ici que quelques repères importants, accessibles, en français, à l'exclusion des ouvrages à but promotionnel ou touristique.

Les dégustateurs trouveront dans les livres de Le Magnen (1949, 1951), Mac Leod, Sauvageot, Depledt, les données anatomiques et physiologiques qui sont les bases de la perception ainsi que les bases des interprétations statistiques. Ces ouvrages furent le point de départ d'une dégustation plus méthodique qu'autrefois.

L'*Essai sur la dégustation des vins* de Vedel, Charle, Charnay et Tourmeau (1972) proposait une synthèse de nos connaissances sur les sensations, le produit, l'analyse sensorielle, les dégustateurs, le vocabulaire. Ouvrage collectif, il résumait bien l'état d'avancement des travaux dans l'élaboration d'une technique commune de dégustation. Ce fut un jalon important dans l'évolution de la dégustation ; il est notamment à l'origine de la labellisation du verre à dégustation INAO-AFNOR et de nombreuses fiches de dégustation.

Il ne faut pas omettre de signaler, dans un tout autre registre, les essais du Bourguignon Pierre Poupon, qui a su si bien exprimer la science gustative dans la langue du poète et du philosophe. À la lecture de *Pensées d'un dégustateur* (1957), *Plaisir de la dégustation* (1973) et *Nouvelles Pensées d'un dégustateur* (1975), on découvre et l'on comprend l'image du dégustateur virtuose se regardant déguster dans un miroir intérieur. Autre Bourguignon, Max Léglise publiait, en 1976, *Une initiation à la dégustation des grands vins*, un petit livre foisonnant des connaissances d'expert de l'auteur et de son humanisme au service du vin.

L'*Empreinte des sens* de Jacques Ninio et *Biologie des passions* de Jean-Didier Vincent ne sont pas des livres sur la dégustation mais leur lecture en éclaire bien des aspects.

On peut aussi consulter divers ouvrages qui s'adressent à un large public de professionnels et d'amateurs : des livres qui se lisent, pourrait-on dire, le verre à la main. Il y a des apprentis en dégustation, il faut donc des abécédaires pour apprendre à lire le vin. Le *Guide d'initiation à la dégustation* de J. Blouin, fruit de trente années d'expérience d'un groupe d'œnologues et d'œnophiles bordelais, est un manuel de synthèse sur les premiers pas dans la découverte des bons vins. Citons également, parmi d'autres, les manuels pédagogiques de J.-C. Buffin, *Pratique de la dégustation* (1987) et *Votre talent de la dégustation* (1988). Ces deux livres présentent l'avantage d'être largement illustrés de schémas reliant perceptions, vocabulaire, technologie, origines des vins. Il existe aussi divers dictionnaires techniques et lexiques multilingues, toujours utiles.

Sous le titre prometteur *Les Mots du vin et de l'ivresse* (1984), Martine Chatelain a rédigé un dictionnaire qui concilie rigueur et humour, culture humaniste et amour du bon vin, technique et vie sociale. *Le Vin et la Table* de Martine Courtois (1997) constitue, quant à lui, un utile et agréable lexique complémentaire. On peut aussi consulter *Les Dégustations du grand jury* de Jacques Luxey (1975 à 1985), un ouvrage caractérisé par la qualité et l'expérience des goûteurs, les bonnes conditions de travail, l'échantillonnage des vins et un système de notations particulièrement bien étudié. Plus récemment, F. Dubourdieu a fait paraître *Les Grands Bordeaux de 1945 à nos jours* (1996), une agréable initiation aux plaisirs des grands vins de Bordeaux.

Enfin nous ne pouvons omettre *Le Goût du vin* écrit par Émile Peynaud, en 1980, qui servit de référence à beaucoup d'autres ouvrages avant d'être la base de celui-ci.

CHAPITRE 2

Mécanismes et messages des sens

[...] pour apprendre, pour s'imbiber d'une science déjà faite, rien ne vaut le livre.
Georges Dumézil, 1987.

LES MÉCANISMES NEUROPHYSIOLOGIQUES DE LA DÉGUSTATION

IL EST POSSIBLE DE DÉGUSTER sans connaître tous les facteurs qui participent au plaisir que procure un bon vin. De même, à chaque instant nous utilisons nos sens, tout en ignorant les mécanismes neurophysiologiques, ou psychologiques, qui les gouvernent. Ils sont instantanés, provoquent des réactions sensorielles qui sont le signe même de notre existence et nous donnent de celle-ci le sentiment que nous en avons. « Je sens, donc je suis. » La perception des substances chimiques est, elle-même, une conséquence directe de la vie. Les bactéries les plus élémentaires « sentent » les substances qui leur sont nécessaires. L'olfaction, plus développée chez les animaux (le chien sent mieux que nous), demeure le sens primordial de l'être humain, même si l'ouïe et la vue sont mieux éduquées chez l'homme moderne et mettent l'odorat au deuxième plan. L'expérience des personnes devenues aveugles par accident confirme l'aptitude à retrouver des potentialités tactiles et olfactives, souvent occultées par notre forme de civilisation.

« L'oreille pour les sons, les yeux pour les choses visibles, le nez pour les odeurs, la langue pour les saveurs agréables ou désagréables, le corps pour le tout et pour la distinction du froid et du chaud, la bouche pour le langage qui est l'expression de la pensée, enfin le passage du souffle qui entre et sort : ce sont là toutes les sources de nos connaissances », disait Hippocrate.

Le dégustateur n'a pas eu besoin d'explications savantes pour apprécier le goût du vin. Pourtant une bonne connaissance du fonctionnement du goût et de l'odorat, de la manière dont les sensations sont interprétées par le cerveau et de tous les facteurs qui peuvent les modifier, permet de se placer dans les meilleures conditions possibles et d'éviter les erreurs de perception et les suggestions extérieures.

La vue et l'ouïe sont des sens actifs et sollicités en permanence, alors que le goût et l'odorat sont souvent au repos et requis par intermittence. Ce sont des sens d'alerte, complètement dépendants de nos fonctions respiratoires, pour l'un, et digestives, pour l'autre. Malgré ces différences, tous les sens fonctionnent selon un même schéma général : ils transforment des réalités physico-chimiques extérieures en phénomènes intérieurs, personnels mais communicables. Les milliers de pages qui ont été ou seront écrites sur les sens — toujours plus complètes — peuvent être succinctement résumées ainsi : les stimuli excitent les organes des sens, qui transmettent un signal, une sensation, au cerveau. La confrontation de cette sensation physico-chimique avec notre conscience, notre mémoire, produit une perception, c'est-à-dire une reconnaissance, qui, interprétée par notre culture, notre langage, fournit une expression.

La *sensation* est un phénomène mécanique : des odeurs peuvent, sans suites ni conséquences, exciter notre nez pendant le sommeil. La *perception* signale la présence de la sensation : il y a une odeur dans l'air. L'*expression* nomme cette perception : il y a une odeur de brûlé dans la pièce.

Mécanisme de perception et expression des stimuli

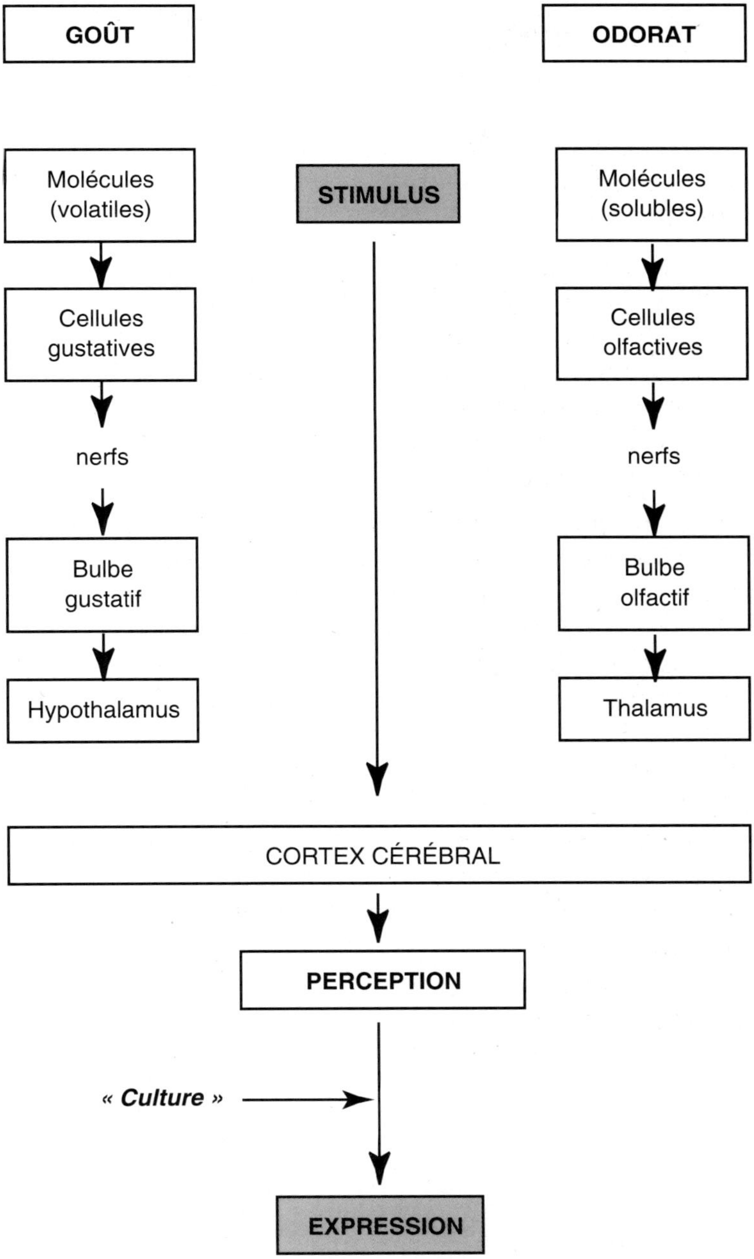

Une molécule, un photon, ou une variation de pression de l'air a produit… une odeur de rose, une lumière rouge ou un bruit de bulles qui éclatent… Un même signal objectif — le stimulus « goût de sel », par exemple — peut ainsi être ignoré, ou perçu de cent façons différentes. Nécessairement la situation se complique lorsque nous dégustons un « mélange de stimuli » de même nature — sucré, salé, acide… —, ou très différents, dans la chaleur ou le froid, dans le silence ou le bruit.

Stimulus (pluriel « **stimuli** ») : agent physique ou chimique provoquant la stimulation, l'excitation de récepteurs spécifiques des sens.
Sensation : phénomène subjectif, réflexe, résultant de la stimulation de récepteurs sensoriels.
Neurones : cellules nerveuses dont les terminaisons répandues dans la peau et les muqueuses constituent les zones sensibles ; ils transmettent les signaux sensitifs au cerveau et à la moelle épinière, et acheminent les directives reçues vers les muscles et les organes intéressés. Leur forme, avec des prolongements à distance, les fibres nerveuses, les rendent propres à propager l'excitation reçue dans tout l'organisme.
Perception : prise de conscience sensorielle, interprétation de la sensation.

Stimulus (substances sapides ou odorantes) — *Excitation, stimulation* — **Organes des sens** (récepteurs neuro-sensoriels du goût et de l'odorat)

Sensation (réflexe)

Conscience, expérience, mémoire — **Perception** (interprétation, reconnaissance du goût et de l'odeur)

L'apprentissage de la dégustation consiste simplement à mieux connaître toutes ces phases — *excitation*, *sensation*, *perception*, *expression* — pour les employer dans les meilleures conditions. Nous disposerons alors de l'expression la plus juste possible d'une réalité qui, néanmoins, nous échappera toujours. Chacun pourra remarquer qu'une modification, même légère, de l'une de ces phases se répercute sur l'impression finale. Un rhume gêne l'excitation, le vacarme brouille la transmission de la sensation et/ou l'efficacité de la mémoire, le manque de vocabulaire bloque l'expression finale, pour soi ou si l'on veut la transmettre à d'autres.

Le nombre et la diversité des difficultés que l'on peut rencontrer sont de remarquables incitations au travail, pour approcher la « dégustation parfaite », jamais atteinte et donc toujours plus désirable.

MESURE DES CARACTÈRES ORGANOLEPTIQUES ET SENS UTILISÉS

LES CARACTÈRES — ou propriétés — organoleptiques d'une substance, d'un aliment, d'une boisson, sont des caractères perçus par nos organes des sens. Ils correspondent aux divers stimuli sensoriels que produisent cette substance, cet aliment, cette boisson. Ce sont avant tout des propriétés physiques ou chimiques, que l'on peut mesurer par des méthodes physiques ou chimiques. Elles ne deviennent organoleptiques qu'au moment où nous les percevons par les organes de nos sens. Le sucre en poudre, par exemple, présente tous les attributs du saccharose (forme, densité, solubilité, couleur, réactions chimiques…), pourtant rien ne laisse supposer qu'il a un goût sucré. Il faut en placer un peu au bout de sa langue pour le découvrir. Le goût sucré est la propriété organoleptique du saccharose. Elle lui appartient, mais elle est virtuelle ; pour exister, elle a besoin des papilles de la langue reliées au cerveau d'un individu sensible. Pour la plupart d'entre nous, au morceau de sucre est associé le goût sucré depuis notre première enfance. Mais il existe des millions de personnes qui n'ont jamais vu de morceau de sucre — certains pays n'utilisent que le sucre en poudre ! — et ne peuvent faire ce rapprochement qui nous paraît si évident. Il existe aussi des personnes plus ou moins insensibles au goût sucré : pour elles, le sucre n'a pas de caractère organoleptique.

La mesure des propriétés organoleptiques constitue la première phase de la dégustation. C'est la phase d'analyse et d'observation. La seconde phase est celle du jugement de qualité. Dire du sucre cristallisé qu'il a un goût sucré est une constatation *objective*, directement liée au produit lui-même. Juger qu'une boisson ou une tasse de café est suffisamment ou insuffisamment sucrée est un avis *subjectif* : c'est un jugement personnel, qui dépend des habitudes et du goût de chacun. Affirmer que le goût sucré est déplaisant est une opinion *affective*. Le dégustateur professionnel, lui, doit faire abstraction de son affectivité. Il doit étudier, décrire, juger les qualités organoleptiques positives ou négatives, et en tirer des conclusions. Celles-ci seront subjectives, mais ne devront pas refléter son goût personnel, ou le moins possible. C'est la grande différence entre lui et l'amateur de vin, chez qui le jugement peut être purement affectif.

Dans la dégustation, plusieurs de nos sens sont sollicités : nous recevons des stimulations visuelles, olfactives, gustatives, mais il faut également y ajouter les stimulations tactiles et thermiques de la cavité buccale, ainsi que la sensibilité chimique commune, qui peut créer parfois des sensations irritantes ou douloureuses. Ces sensations se mélangent et se confondent dans une consommation du vin peu attentive. La dégustation analytique a pour but de séparer, d'ordonner et finalement d'identifier, dans la mesure du possible, quelques-unes des impressions dominantes.

Lorsqu'on goûte un vin, les sensations perçues proviennent aussi bien du sens de l'odorat que de celui du goût. Le nez participe même davantage que la langue à ces impressions et l'on appelle communément « goût » d'une substance une impression qui, en réalité, est surtout perçue par l'odorat. Lorsqu'on déguste, la chaleur de la bouche, les mouvements des joues, de la langue, la légère aspiration d'air conseillée dans certains cas, la respiration normale même chassent dans le nez les substances volatiles qui constituent l'arôme et le bouquet du vin. Le mouvement de déglutition, en provoquant dans la cavité buccale une légère surpression, refoule les vapeurs par le nez et favorise la perception de l'odeur. Les sensations perçues par le nez persistent encore lorsque, après la dégustation, le liquide ayant été rejeté ou avalé, on expire par les narines ; on perçoit encore pendant plusieurs expirations l'odeur du vin qui imprégnait la bouche. D'ailleurs si l'on goûte un vin en tenant les narines pincées, on est surpris du peu de sensations que l'on éprouve. Un rhume de cerveau agit de la même manière en annihilant complètement l'odorat. On a l'habitude de dire dans ce cas qu'on a perdu le goût, alors qu'en réalité c'est l'odorat qui a disparu.

Le tableau ci-après reproduit la liste des sensations impliquées dans la dégustation et les classes en fonction d'une terminologie rationnelle.

Organes	Sens et sensations	Caractères perçus	
Œil	*Vision* Sensations visuelles	Couleur, limpidité, fluidité, effervescence	**Aspect**
Nez	*Olfaction* (voie nasale directe) Sensations olfactives	Arôme, bouquet	**Odeur**
	Olfaction (voie rétronasale) Sensations olfactives	Arôme de bouche	
Bouche	*Gustation* Sensations gustatives	Saveur ou goût proprement dit	**Goût**
	Réaction des muqueuses Sensibilité chimique	Astringence, causticité, pétillant	**Flaveur**
	Sensations tactiles	Consistance, liquidité, fluidité, onctuosité	**Toucher**
	Sensibilité thermique	Température	

Le goût proprement dit est la seule part gustative perçue par la langue, et l'on appelle *flaveur* l'ensemble des sensations perçues par le nez ou dans la bouche pendant la dégustation. (Le mot « flaveur » est un vieux mot français remis au jour, *via* l'anglais *flavour*.)

Parmi les sens sollicités par la dégustation, certains citent encore l'ouïe. Il est vrai que le bruit du bouchon qui saute, celui du vin qui coule ou du verre qui tinte sur la table, le pétillement du vin effervescent accompagnent discrètement la dégustation et créent une ambiance familière. En fait, le bruit ne s'adresse pas seulement à l'ouïe, il interfère sur les autres sens ; il diminue l'attention et la sensibilité. L'oreille sert surtout à capter les commentaires et les appréciations !

L'ÉDUCATION DES SENS ET L'ACUITÉ DES SENSATIONS

TOUT COMMENCE, pour chacun d'entre nous, par des sensations et l'acquisition de perceptions, avant la conscience même, avant le souvenir, avant la naissance. C'est à ce moment que se fait instinctivement la différence entre ce qui est agréable et ce qui ne l'est pas. Puis, l'initiation, l'éducation et l'entraînement feront évoluer nos sens vers des performances que l'on pourra toujours améliorer.

Si vous donnez à sentir un verre de vin, la majorité des gens diront : « Cela sent le vin, c'est une odeur vineuse. » Un petit nombre d'entre eux sentiront un bouquet agréable et bien développé de vin vieux. Enfin, l'un d'eux identifiera « un bouquet complexe, à base de fruit mûr et de tanin évolué, marqué par le vieux chêne des fûts, avec des nuances odorantes rappelant la vanille, les épices, tous caractères faisant penser à un grand médoc ». Celui-là a eu l'occasion d'éduquer son goût et son odorat et a acquis une grande expérience gustative. Il a le nez et la langue « absolus », ou presque. En réalité, « rien ne s'apprécie sans le concours d'une culture », comme le dit Pierre Poupon.

Éduquer ses sens a un double objectif : d'une part, améliorer leur précision et leur sensibilité et, d'autre part, renforcer ses facultés d'appréciation et de jugement. En effet, nous ne savons utiliser qu'une petite partie de nos possibilités sensorielles. Sans doute parce que nous n'avons pas appris à le faire. Coupés dès l'enfance (par la vie citadine) des richesses odorantes et gustatives de la nature, on devient indifférent, on désapprend l'usage de ses sens. Progressivement le nombre des saveurs et des odeurs jugées agréables se restreint. Nos sens deviennent paresseux et toutes les nourritures semblent uniformes, neutres et insipides. Avec la perte de la curiosité des goûts et des odeurs et de l'aptitude à ressentir, on s'habitue au médiocre, on glisse vers le « gustativement correct ».

La dégustation du vin est une bonne école contre la dégradation générale de nos sens et un remarquable moyen d'éducation. Elle maintient les sens en éveil et donne une perception accrue des choses. Le dégustateur entraîné est toujours à l'affût d'une effluence inconnue ou à la recherche d'une saveur étrange. Il devient gourmand de sensations, jusqu'au culte, jusqu'à la manie. La sensation brute est déjà pour lui un plaisir et la seule pensée du vin, l'appétit qu'il en éprouve lui donnent, lorsqu'il est au travail, une véritable jouissance psychophysique.

Comme toute découverte, la réussite d'une analyse gustative délicate, l'identification d'une odeur longtemps cherchée procurent une grande satisfaction intellectuelle. Pour entretenir ses sens, pour les affiner, il faut les faire fonctionner, les solliciter davantage, comme on le fait pour développer ses muscles. C'est en se concentrant sur le problème posé que l'on améliore la liaison sensation-perception. Il faut, donc, être capable d'un effort d'attention soutenu. De plus, il faut constamment aiguiser la curiosité de son odorat et de son goût, rechercher les occasions de découvrir des choses nouvelles et ne pas refuser de sortir de ses habitudes. Enfin, il faudra essayer de faire abstraction de son goût personnel et d'être ouvert à des choix nouveaux. Le dégustateur évolue dans la vie comme un détective, narines et lèvres à l'affût, toujours en quête de nouvelles sensations.

L'ATTENTION ET LE RÔLE DE LA MÉMOIRE

« QUAND TU DÉGUSTES, n'observe pas la bouteille, ni l'étiquette, ni l'entourage, mais plonge en toi-même pour y voir naître tes sensations et se former tes impressions. Ferme les yeux et regarde avec ton nez, ta langue et ton palais », recommande Pierre Poupon. C'est le seul moyen d'éviter le conditionnement et l'autosuggestion, qui sont les vrais ennemis du dégustateur et du véritable amateur. Il faut savoir faire le vide sensoriel en soi et autour de soi, pour éliminer les sensations parasites qui distraient, empêchent de se concentrer et gâchent autant l'analyse que le plaisir. Parfois, pour sentir plus fort, ou penser plus fort, instinctivement, on ferme les yeux. C'est bien en fixant son attention sur un point précis, sans se laisser détourner de son objectif, que son odorat et son goût seront entièrement disponibles. Trop souvent on boit, on mange, on déguste sans faire réellement attention à ce que l'on éprouve, et si l'on n'est pas attentif, finalement on ne ressent rien. Que de sensations perdues par inexpérience et inattention ! Il faut néanmoins conserver une attitude réceptive : déguster est une forme de recueillement, qui doit laisser l'esprit libre mais en alerte, comme une méditation de quelques instants.

On ne reconnaît que ce que l'on sait nommer. Pour que la sensation ait un nom, il faut que ce dernier ait été enregistré dans la mémoire en même temps qu'elle, puis « rafraîchi », comme le vocabulaire d'une langue étrangère, aussi familière soit-elle. La volonté permet la concentration des facultés sensorielles et mentales. Le dégustateur se dédouble et s'observe dégustant. Il fait appel à des souvenirs précis et à des évocations plus vagues, dispersés dans sa mémoire. Celle-ci est nécessaire à la perception, à l'identification, au jugement par comparaison. Toute dégustation, en effet, établit une comparaison entre les sensations du moment et des sensations du passé, qu'elles soient précises ou floues, fidèles ou transformées par le temps et la réflexion... En quelques secondes le dégustateur doit trouver parmi les souvenirs catalogués les caractères gustatifs du vin qu'il a en bouche. Il doit faire plusieurs tentatives pour provoquer le souvenir, pour déclencher l'ouverture du tiroir mystérieux où sont classées ses références, aussi nombreuses, diverses et choisies que possible. Le critique littéraire doit avoir tout lu, l'expert dégustateur doit avoir tout bu, mais il en est des vinothèques comme des bibliothèques : le nombre des œuvres est infini.

Comparer les sensations présentes et passées est difficile et nécessite beaucoup d'attention, de volonté et de concentration. *Déguster, c'est l'art de se servir de sa mémoire*, pour retrouver des goûts et des odeurs que l'on connaît, comme l'œil peut lire les lettres qu'il a apprises. C'est déchiffrer les syllabes du vin pour en comprendre les phrases. Déguster, c'est tenter de remettre sur un visage le nom qu'on a sur le bout de la langue… Déguster demande réflexion, comme trouver le mot juste pour finir une phrase. L'imagination supplée parfois la carence de la mémoire ; alors, ce n'est plus de la dégustation mais de l'art oratoire, voire du bluff !

On découvre le vin par l'analyse olfactive et gustative, en profondeur, en notant le plus grand nombre de ses caractères importants. Mais, si la *connaissance* d'une chose est surtout analytique, la *reconnaissance* est essentiellement globale, presque instantanée : un visage se décrit mal, mais se reconnaît facilement. Le dégustateur procède plus par intuition que par raisonnement. D'emblée sa première impression est claire, directe, immédiate. L'étude des détails et les déductions viendront ensuite. D'ailleurs on reconnaît un vin (presque) tout de suite ou pas du tout, même s'il en existe dont on se souvient sans peine, et d'autres, plus neutres, que l'on oublie. Au fond la dégustation est une sorte de lecture dont les vins sont les textes. Le goûteur qui sait lire les goûts et les odeurs découvre un vin d'un coup de nez et d'un coup de langue, tout comme, d'un seul regard, on lit un titre ou une enseigne. Par contre, pour le profane, les caractéristiques d'un vin sont des hiéroglyphes ou des mots d'une langue inconnue. Il est généralement plus facile de reconnaître un vin que de le décrire ou d'expliquer pourquoi on le reconnaît ; tout n'est pas communicable ni « verbalisable » dans les sensations que procure la dégustation. Dans un premier temps, les mots sont d'ailleurs inutiles ; ils viendront, plus tard, lorsque le vin aura été reconnu. Trop de réflexion nuit à la juste perception. La dégustation est d'abord un acte sensoriel ; ensuite et seulement ensuite, une activité intellectuelle.

CHAPITRE 3

Voir, goûter, sentir

[...] la sagesse vient après le goût
[...] la bête bouffe vite, l'homme goûte.
Michel Serres, 1985.

LA VUE ET L'EXAMEN VISUEL

L'UNIVERS SENSORIEL DE L'HOMME EST ESSENTIELLEMENT VISUEL. La vue est un sens rapide, instantané, continu, dynamique, qui donne un sentiment de réalité, contrairement aux impressions de l'odorat et du goût, qui sont évolutives et incertaines. Aussi étonnant que cela puisse paraître, la vue est le premier sens impliqué dans la dégustation.

La couleur d'un vin est due à la manière dont celui-ci absorbe les radiations des différentes couleurs (violet, bleu, vert, jaune, rouge) qui, ensemble, constituent la lumière blanche, du soleil ou de lampes. Un vin paraît « rouge » parce qu'il capte beaucoup de lumière verte, un autre paraît « blanc » parce qu'il absorbe beaucoup de lumière violette. On sait mesurer la couleur d'un vin mais l'œil reste l'instrument indispensable — et le plus agréable à utiliser.

Avant de boire un vin, de le sentir, il est de règle de le regarder. Cette phase initiale demande peu d'efforts à celui qui a observé de nombreux vins, pour décrypter le moindre indice. En revanche, déguster sans voir accentue singulièrement la difficulté de porter un jugement. Ainsi, dans une dégustation « à l'aveugle » avec des verres opaques ou colorés, il est facile de confondre un vin blanc sec peu acide, un vin rosé et un vin rouge peu tannique. Dans ce jeu de colin-maillard, le dégustateur vérifie combien il est mal à l'aise s'il ne peut se référer à quelques indices précis sur la nature ou l'origine du vin qu'il goûte. Les odeurs elles-mêmes sont mieux perçues lorsque l'éclairage est suffisant. On déguste mal dans la pénombre d'une cave et l'on mange mal dans la semi-obscurité de certains restaurants où le menu est à peine lisible ! L'œil est le premier repère du dégustateur ; il guide et rassure. Il peut aussi induire en erreur en conditionnant celui qui goûte. J. Le Magnen l'énonce clairement : « La couleur influence nos réactions olfactives et gustatives et, inversement, l'absence de couleur déforme le goût de l'aliment… La couleur fait donc partie du goût… » Max Léglise le fait remarquer, lui aussi : « Offrez un cocktail coloré en bleu et vous verrez la réticence des participants… Par habitude, le bleu n'est pas une couleur alimentaire. » On attend d'un sirop de citron qu'il soit jaune, d'un sirop de grenadine qu'il soit rouge et d'une boisson verte qu'elle ait le goût de la menthe. Or, ces couleurs sont presque toujours artificielles car la fabrication de ces préparations ne permet pas l'extraction, ou la conservation, de la couleur des plantes utilisées ! On peut donc en déduire le rôle considérable de la couleur sur l'« appétibilité » des aliments et des boissons ; cette particularité est notamment exploitée dans le choix des couleurs des médicaments calmants ou toniques…

Un grand vin servi dans un gobelet épais sera mal jugé, alors qu'on (sur)estimera le vin le plus banal s'il est servi en carafe et verre de cristal, comme s'il venait d'être décanté. On peut aussi être dérouté par une étiquette trompeuse. N'est-on pas tout disposé à considérer la bouteille à cent francs de bien meilleure qualité que celle qui ne coûte que vingt francs ?

Une expérience menée par Pierre André est, pour illustrer ce propos, très significative. Il fait goûter une série de six vins rosés de teintes différentes à un groupe de goûteurs, qui doivent les classer dans un premier temps d'après l'agrément de leur couleur, et dans un deuxième temps d'après leur dégustation. Celle-ci est alors effectuée selon deux modalités : la couleur des vins étant visible, comme il est habituel de le faire, ou dissimulée. Dans la dégustation « avec la couleur », le classement gustatif des vins rosés s'identifie pratiquement au classement de leur couleur. Dans la dégustation à l'aveugle, « sans la couleur », l'appréciation est absolument différente, presque inversée. Les goûteurs ont été influencés par l'apparence des vins : on peut dire qu'ils ont littéralement goûté avec les yeux. Les dégustateurs occasionnels privilégient l'aspect d'un vin car ils trouvent assez facilement les mots adéquats, qui appartiennent au vocabulaire général. L'apprentissage de la vue et le vocabulaire qui s'y rattache font partie de l'éducation de chacun d'entre nous, contrairement au goût et à l'odorat. En dégustation, savoir bien utiliser son œil, c'est aussi apprendre à s'en méfier.

L'apparence du vin livre divers renseignements autres que la couleur : *limpidité*, *fluidité*, *mobilité*, *dégagement de gaz carbonique*, *phénomènes de capillarité* sur la paroi du verre. L'examen de la surface du vin — le disque — se fait en l'observant du dessus du verre, comme s'il était éclairé de l'intérieur.

Le dégagement de gaz carbonique d'un vin effervescent versé dans un verre est en lui-même un petit spectacle. L'effervescence du vin qui coule, la consistance de la mousse qui se forme, la façon dont elle se résorbe sont autant de repères pour le dégustateur. La mousse peut être folle, à grosses perles, fugace ou persistante. Elle ne doit pas être trop crémeuse et trop stable, comme l'est celle d'une chope de bière. Fine et sèche, elle doit s'effacer en quelques secondes sans libérer cependant toute la surface. Les bulles naissent au fond du verre ou de la flûte étroite, grossissent en montant pour éclater à la surface. Certains verres au fond dépoli entretiennent une production gazeuse abondante et persistante. En revanche, la moindre trace de détergent ou de sébum sur le verre efface la mousse.

Lorsqu'on observe un verre de vin que l'on vient d'animer d'un mouvement circulaire, le regard est attiré par des coulures qui retombent indéfiniment le long des parois ; ce sont les *larmes*, qu'on appelle aussi jambes ou arches. L'explication de ce phénomène, dû à l'« effet Marangoni », a été donnée dès 1855 par James Thomson : l'alcool étant plus volatil que l'eau, il se forme à la surface et sur le haut du verre mouillé par le vin une mince couche de liquide plus aqueux, donc de tension superficielle plus élevée. L'effet de capillarité fait monter le liquide le long du verre et forme, l'imagination aidant, les « pleurs » du vin. Plus la concentration en alcool est élevée, plus les larmes, généralement incolores, seront abondantes. Elles seront réduites ou supprimées par des résidus de détergents de lavage dans le verre. Il est surprenant de voir attribuer, encore aujourd'hui, la formation de ces larmes d'aspect onctueux à la « puissance des éthers œnanthiques » (composés qui donnent leur bouquet à certains vins) ou à la glycérine du vin. On lit parfois des phrases comme celle-ci : « Sans que l'on puisse parler de relation étroite, il y a en général, à l'intérieur d'une même catégorie de vins, un certain parallélisme entre l'importance des larmes et le niveau qualitatif du produit. » L'argument est faux : tous les vins font des larmes. Alors disons, plus joliment, que les larmes sont l'esprit du vin qui se condense !

Le vin naît trouble, chargé de débris de raisins écrasés et surtout des milliards de levures et de bactéries nécessaires à la bonne élaboration d'un seul litre de vin. Telle est la « purée septembrale » dont parle Rabelais ou le vin bourru qu'on boit aux vendanges. Ces déchets de fabrication formeront la lie et seront éliminés par le temps, les collages et les filtrations (aussi nécessaires qu'immémoriales, puisqu'elles existent depuis, au moins, le temps des Égyptiens !) La limpidité d'un vin peut se mesurer avec des appareils comme les néphélomètres ou les turbidimètres mais l'œil peut lui-même l'apprécier d'emblée et en avoir une notion assez juste. L'examen visuel, fait en plaçant le verre à la lumière du jour, devant une fenêtre ou sur un fond blanc éclairé, est généralement suffisant pour le dégustateur et le consommateur. On l'exprime par divers mots que nous verrons plus loin. Un vin trouble se goûte rarement bien. Pourtant, il faut savoir que troubles et dépôts apparaissent toujours avec le temps. Si leur présence trop intense ou trop précoce peut inquiéter, la phobie de la moindre particule est déplacée ! Quelques légers cristaux de tartre ou quelques traces de vieille matière colorante sont faciles à éliminer, lors de la consommation, par une simple décantation, alors que leur prévention systématique demande parfois des interventions lourdes et mobilisant une énergie superflue. N'avoir que des vins à la fois limpides et naturels est une gageure ; un juste équilibre est possible et souhaitable.

LES MOTS DE LA COULEUR

LA COULEUR EST SI DÉTERMINANTE dans l'aspect des vins qu'elle en définit le type à elle seule — blanc, gris, rosé, clairet, rouge –, mais il n'y a pas plus de vins véritablement blancs qu'il n'y a de vins véritablement rouges : les premiers sont jaunes ou dorés, les seconds pourpres ou rubis.

L'*intensité colorante* n'est pas un critère de qualité, mais elle préfigure la structure du vin. En effet, couleur et quantité de tanin vont souvent de pair dans les vins rouges. Si la couleur est forte, profonde, il y a toutes chances que le vin soit corsé et riche en sensations tanniques. Si la couleur est faible, le vin sera vraisemblablement léger de corps et plus court en bouche, bien qu'agréable s'il a de la souplesse, de l'arôme ou du bouquet.

La *teinte* d'un vin traduit surtout son degré d'évolution, son âge. Jeune, le vin rouge a une teinte vive, pourpre ou rubis. Lorsqu'il vieillit, sa nuance rouge s'atténue ; le vin vieux vire vers la couleur de la brique, de la tuile ; on dit qu'il est « tuilé », « briqueté ». Le vin blanc jeune a souvent des reflets jaune pâle, verdâtres, qui évoluent vers des nuances dorées ou ambrées. La teinte d'un vin se définit de plusieurs manières. Le dégustateur l'exprime en fonction de son expérience ; son impression est globale et instinctive, mais elle est personnelle. On peut aussi utiliser la comparaison avec des étalons colorés — usuels chez les imprimeurs, les tisserands — et des mesures d'absorption de la lumière à diverses longueurs d'onde ; nous quittons alors le dégustoir et entrons dans le laboratoire d'analyses instrumentales. Aujourd'hui codifiés, ces étalons colorés permettent de donner une représentation universelle du rouge cerise ou du rose framboise, mais aussi du « rouge bordeaux » ou du « rose champagne ». Le dégustateur, lui, travaille seulement à l'œil nu.

La couleur perçue dépend beaucoup de l'éclairage, du verre et de l'épaisseur de vin. Pour une appréciation la plus fiable possible, il faut privilégier la lumière solaire, des verres neutres parfaitement transparents et une faible épaisseur de vin. Il est saisissant de constater que le vin blanc le plus clair, fortement éclairé derrière une épaisseur de 50 centimètres, paraît nettement rouge ; on peut notamment observer ce phénomène dans certains tonneaux expérimentaux, dont le fond est en verre, qui permettent d'observer la profondeur du vin.

La *vivacité* est une autre qualité de la couleur, qui dépend plus ou moins de la « vie » du vin. Un vin peut être éclatant, franc, terne, ou mort.

La couleur des vins blancs décline la gamme des jaunes et des ors et doit être en rapport avec le type auquel ils appartiennent. Certains doivent être pâles (encore que les goûts dans certains pays soient plus tolérants) : vins blancs secs de Bordeaux, muscadet, riesling, fino de Xérès, etc. D'autres sont plus colorés : traminer, chardonnay à Meursault ou à Montrachet, vins du Jura, auslese et spätlese du Rhin, sauternes, etc. De tout temps on a donné des noms de

gemmes aux couleurs chatoyantes des vins. Si l'on abandonne la référence à l'or, les vins blancs deviennent topaze, ou topaze brûlée s'ils ont des reflets roses. L'éclat verdâtre de certains rappelle la chrysolithe pâle. L'œnologue se doit, en l'occurrence, de faire un aveu : il ne possède aucune indication précise sur les substances responsables de la coloration des vins blancs.

La couleur d'un vin évolue ; elle peut aussi s'altérer. Ainsi un vin « madérisé », « taché » ou « cassé » peut avoir subi des incidents de très forte oxydation — recherchée sur les madères –, ou de contamination par des traces de raisins rouges, ou de décomposition de la matière colorante.

Les rosés et les clairets sont des intermédiaires — et non des mélanges — entre le vin blanc et le vin rouge. Leurs couleurs couvrent toute la palette des teintes intermédiaires entre les jaunes, les roux et les rouges clairs. « La couleur d'un rosé fait la moitié de son charme », dit-on. Cette teinte dépend beaucoup du cépage, de la méthode d'élaboration et de l'âge du vin. Elle évolue habituellement du rouge vif vers l'orangé. Mais certains vins rosés sont à peine teintés ; c'est le cas du vin gris, tel le Gris de Toul, par exemple. La teinte champagne est celle des « blancs de noirs » (vins blancs de raisins noirs) lorsqu'ils sont très jeunes. Les teintes de vins rosés sont multiples, et dans certains cas (AOC bordeaux clairet ou bordeaux rosé) on utilise des critères analytiques — mesure de l'intensité colorante — pour définir la couleur.

Les teintes des vins rouges sont, elles aussi, innombrables et l'on trouve tous les rouges ou presque. Cette couleur est certainement l'une de leurs qualités les plus attirantes. Elle reproduit la teinte des fruits, rougis par les anthocyanes qu'ils contiennent. Ces composés — présents dans le raisin — colorent également beaucoup de pétales de fleurs roses, rouges, mauves ou bleues. La couleur des vins rouges est aujourd'hui assez bien expliquée par la chimie des anthocyanes, des tanins et de leurs réactions dans le raisin, la cuve, la barrique et la bouteille.

LE GOÛT ET LES SAVEURS

AU SENS STRICT, le goût est « un sens chimique lié à l'existence de récepteurs spécialisés, situés dans la cavité buccopharyngée et qui sont stimulés par les molécules ou ions en solution amenés à leur contact ». Le goût peut aussi désigner l'action de goûter (la gustation), l'ensemble des caractères d'une substance (le goût d'orange, de café), l'aptitude à discerner le beau et le bon (un « homme de goût »)… La perception du goût est due aux papilles gustatives situées sur la langue.

Le dégustateur brasse le vin dans la bouche, avec sa langue, pour en exprimer toutes les nuances savoureuses. L'ingestion de vin, ou d'aliments, déclenche une activité accrue des glandes salivaires. C'est donc un mélange de salive et de vin que l'on déguste, ce qui explique assez largement les différences de perception entre les individus ; les compositions de salive ne sont pas identiques chez tout le monde. Ces différences sont très nettes pour les sensations d'acidité, qui dépendent du pH de ce mélange salive-vin, et pour les sensations d'astringence, directement liées aux réactions entre protéines salivaires et tanins du vin. Au cours même d'une dégustation, les goûts et les odeurs, ou plus précisément les arrière-goûts et les éléments de persistance aromatique, subissent diverses transformations enzymatiques. On peut notamment citer l'exemple de l'arôme de bouche du sauvignon blanc qui n'est libéré qu'après quelques dizaines de secondes.

SUR LES GOÛTS ÉLÉMENTAIRES

« LE NOMBRE DES SAVEURS EST INFINI, car tout corps soluble a une saveur spéciale qui ne ressemble entièrement à aucune autre », remarquait le célèbre écrivain et gastronome Brillat-Savarin, en 1839. Aristote opposait, pour sa part, le doux et l'onctueux au salé et aux saveurs intermédiaires, l'aigre, l'âpre, l'astringent et l'acide. Le botaniste Linné (1751) discernait dix qualités gustatives, et le chimiste Chevreul (1824) a su distinguer les sensations tactiles des sensations gustatives, très différentes. Fick (1864), puis Cohn (1914) définirent les « quatre goûts élémentaires » comme étalons de nos mesures gustatives. Leur théorie parut, à l'époque, cohérente et l'on a longtemps admis que les papilles de la langue ne percevaient que quatre goûts fondamentaux : le *sucré*, l'*acide*, le *salé* et l'*amer*. Tous les goûts, purs ou en mélange, se classeraient dans ces quatre catégories. Aujourd'hui, que peut-on retenir d'essentiel de cette analyse ? Les quatre saveurs élémentaires et leurs produits de référence (saccharose, chlorure de sodium, acide tartrique ou citrique, quinine) correspondent à une réalité sensorielle indiscutée. Leur perception semble même être un acquis prénatal, existant chez le fœtus. À ces quatre saveurs, on ajoute parfois l'*umami*, représenté par le glutamate de sodium, proposé par les Japonais et beaucoup plus présent dans la nourriture asiatique (poissons, sauce de soja, nuoc-mam…) que dans la nourriture occidentale.

Le goût sucré est détecté instantanément, dès le premier contact avec la langue. Les goûts salés et acides sont, eux aussi, perçus rapidement, mais ont davantage de persistance. En revanche, le goût amer est lent à se développer, augmente progressivement et demeure longtemps en bouche après qu'on a rejeté le liquide. Les différences dans la vitesse de perception de ces différents goûts sont dues, pour une part, à ce qu'ils ne sont pas perçus par les mêmes zones de la langue. Les premières saveurs perçues, sur le bout de la langue, peuvent être douces et plaisantes et devenir graduellement acides ou amères au contact d'une autre région de la langue.

L'ACUITÉ GUSTATIVE

LA SENSIBILITÉ AUX QUATRE GOÛTS élémentaires est extrêmement variable d'une personne à l'autre. Comme pour la perception des substances odorantes (voir plus loin), on distingue plusieurs seuils de sensibilité gustative, et l'on relève des différences individuelles considérables de réceptivité à telle ou telle saveur, notamment pour la saveur amère. Il est sans doute possible de parler de sujet « doué » ou non : ce don est réel mais il est relatif et presque toujours compensable par l'apprentissage. Il existe cependant des cas extrêmes : l'agueusie, ou la perte totale des saveurs, qui est très rare ; l'hypogueusie, ou la sensibilité gustative affaiblie, qui est plus courante. Le pourcentage d'« agueusiques » est du même ordre de grandeur que le pourcentage des aveugles. Le tableau ci-après rapporte les résultats moyens d'un grand nombre d'essais avec des professionnels ou des personnes motivées par l'apprentissage de la dégustation.

Concentrations				
Goût	Sucré	Acide	Salé	Amer
Produit utilisé	Saccharose (g/l)	Acide tartrique (g/l)	Chlorure de sodium (g/l)	Sulfate de quinine (mg/l)
Seuil pour 50 % personnes*	1	0,1	0,2	1
Seuil pour 90 % personnes*	3,7	0,2	0,45	3,5

D'après E. Peynaud. * *Seuil de perception.*

La pratique de la dégustation affine la perception, et les dégustateurs très exercés sont en général ceux qui perçoivent les plus faibles teneurs en une substance. Il est vraisemblable que les personnes peu sensibles à certains goûts ont une base d'appréciation faussée par rapport à la normale. La connaissance des seuils gustatifs permet peut-être d'expliquer certaines habitudes alimentaires. Telle personne, qui ne ressent pas l'amertume, boit le café sans sucre, tandis qu'une autre, qui éprouve mal la saveur sucrée, en met trois morceaux dans sa tasse... Ces différences de sensibilité influencent les préférences alimentaires. La physiologie individuelle ou la culture conduisent à préférer les nourritures « molles et sucrées » (États-Unis) ou « piquantes et épicées » (Afrique, Caraïbes...).

La gustation quantitative, c'est-à-dire la relation entre l'intensité d'un goût perçu et la concentration en substance sapide, préoccupe les physiologistes depuis longtemps. La première formulation scientifique (Fechner, 1860) indiquait que la sensation S est proportionnelle au logarithme de l'excitation (stimulus I).

$$S = k \text{ Log } I + b$$

Si pour passer d'une sensation d'intensité 1 à une sensation d'intensité 2 il faut multiplier le stimulus par x, il faudra à nouveau le multiplier par x pour passer de la sensation d'intensité 2 à la sensation d'intensité 3.

Un siècle après Fechner, Stevens (1957) a approfondi cette étude en établissant la proportionnalité entre le logarithme de la sensation et le logarithme du stimulus.

$$S = k\, I^n \text{ ou Log } S = n \text{ Log } I + k$$

LES SUBSTANCES SAPIDES DU VIN

CONSIDÉRÉ DU POINT DE VUE CHIMIQUE, le vin est une solution hydroalcoolique contenant 20 à 30 grammes de substances dissoutes non volatiles, qui en constituent l'extrait et en procurent la saveur. On peut classer ces composants selon leur participation aux caractères gustatifs du vin.

Les substances à goût sucré sont les éléments qui donnent la souplesse, le gras et le moelleux. Ce sont, d'une part, les sucres proprement dits issus des raisins (glucose, fructose) et, d'autre part, des corps ayant une ou plusieurs fonctions alcools, formés par la fermentation alcoolique (glycérol, butylène glycol...). Nous démontrerons plus loin le caractère sucré de l'alcool.

Le goût acide du vin est dû à la présence de six acides organiques principaux issus des raisins (acide tartrique plus dur, malique plus vert et citrique plus frais) ou formés par la fermentation alcoolique et les activités bactériennes (acide succinique, à la fois amer et salé, donnant sapidité, vinosité, et parfois amertume, acide lactique, aigrelet et sur, et acide acétique aigre).

Le vin contient 2 à 4 grammes par litre de substances à goût salé. Ce sont les sels des acides minéraux et organiques. Ils participent à la saveur du vin et lui donnent de la fraîcheur.

Les substances à goût amer du vin appartiennent à la famille des composés phénoliques ou polyphénols représentés surtout par les tanins et les anthocyanes (de couleur rouge). Leur amertume s'accompagne généralement d'astringence, sensation que nous examinerons plus loin. L'amertume provient de certains acides-phénols, mais surtout des tanins condensés, formés à partir des leucoanthocyanes contenus par les pépins et les pellicules des raisins, également abondants dans les rafles. Il y a 1 à 4 grammes de tanins dans les vins rouges et quelques dizaines de milligrammes par litre dans les vins blancs. Leur amertume et leur astringence dépendent de leur degré de polymérisation (condensation par association de nombreuses molécules).

ASTRINGENCE ET AUTRES SENSATIONS

LES POLYPHÉNOLS JOUENT UN RÔLE IMPORTANT ; les vins rouges leur doivent leur couleur et une grande part de leur saveur. Ils ont, de plus, la propriété de coaguler les protéines, dont celles de la cavité buccale. La bouche, en dehors des sensations purement gustatives que nous venons d'étudier, manifeste des réactions sensorielles d'une tout autre nature, que l'on a groupées sous le terme d'« haptiques » : la sensibilité chimique, que l'on appelle « sens chimique commun », peut être considérée comme une réponse d'alerte des muqueuses à l'agression de certaines molécules ; la sensibilité tactile et thermique appartient plutôt au sens du toucher. L'âcreté qui se ressent au fond de la gorge est elle aussi une réaction du même ordre. L'acidité agace les dents et peut aller jusqu'à donner une sensation tenace d'enflure des gencives, lorsqu'on consomme un vin très acide.

L'astringence, ou astriction, est une sensation bien connue mais difficile à définir, car il est rare de l'éprouver isolée des autres sensations. Dans les produits naturels, elle est mêlée à l'acidité et à l'amertume qui la renforcent et se confondent avec elle. L'astringence donne une impression de sécheresse et de rugosité. Si l'on passe la langue sur le palais, sur les gencives, sur les dents ou sur les lèvres, on éprouve une résistance au glissement, comme si la langue était devenue râpeuse et comme si les tissus de la bouche s'étaient resserrés. La racine latine du mot « astringent » (*astringere*) signifie précisément resserrer. Certains sels métalliques (alun, sels de fer, de zinc, de cuivre) sont doués de *stypticité*, proche de l'astringence. L'astringence relève de divers mécanismes similaires au tannage des peaux transformées en cuir.

Certains végétaux comestibles contiennent des astringents de la famille des polyphénols. C'est le cas des artichauts, des cardons, des fèves vertes, des pommes à cidre et des poires à poiré, de certaines pêches, des kakis, des nèfles, des peaux d'amandes, des châtaignes, des noix vertes… mais aussi du café, du thé, du maté. Le caractère astringent peut s'atténuer grâce à la cuisson.

L'astringence causée par les tanins du vin, des procyanidines disent les chimistes, paraît être fonction de la grosseur des molécules qui les constituent, c'est-à-dire du degré de condensation. Le maximum d'astringence est observé pour les tanins à molécules de taille moyenne.

Une autre réaction de la sensibilité chimique est la sensation de causticité, de pseudo-chaleur, de brûlure, de corrosivité que donne l'alcool à concentration élevée. Une eau-de-vie ne se consomme pas comme une autre boisson. À 20-25°, ou plus, qui est le titre des apéritifs et des liqueurs, le goût de l'alcool est généralement atténué par le sucre.

La sensation de pétillant est la sensation tactile produite par le gaz carbonique, présent dans tous les vins. La langue est capable de reconnaître au toucher la présence dans un vin de 500 milligrammes de gaz carbonique par litre.

On peut parler également des sensations kinesthésiques, ou sens musculaire, qui participent à l'impression de texture. La somme saveurs + palpation (toucher actif de la langue, par opposition au toucher passif du palais, des joues et des lèvres) donne du vin une image en relief, une sorte de figure géométrique ayant une forme et un volume. Cette affirmation surprend le profane mais la représentation graphique du profil et de la configuration d'un vin dans l'esprit du dégustateur exercé est une chose très réelle : il existe des vins filiformes, des vins osseux ou des vins rondouillards... Les vins blancs sont plus souvent filiformes — droits, sinueux, en cloche... Les vins rouges sont plutôt en volumes — sphère, cube... Certains dégustateurs peuvent dessiner sur leurs notes la « forme » des vins.

L'ensemble de la bouche constitue un système de protection efficace des voies digestives contre le chaud ou le froid. C'est en effet le siège de sensations thermiques qui peuvent être d'une grande précision : des comparaisons à un degré près sont possibles. Certains produits provoquent une sensation de chaleur, tandis que d'autres produits aromatiques

volatils (menthol, eucalyptol) donnent une impression de fraîcheur à l'air inspiré, sans pourtant modifier la température buccale.

LA PERSISTANCE GUSTATIVE ET AROMATIQUE

LE SCHÉMA ci-dessous montre la succession habituelle des saveurs au cours de la dégustation d'un vin rouge. Il exprime la substitution des goûts sucrés et agréables du début par des saveurs plus ou moins acerbes, à caractères acides et amers dominants.

Évolution des saveurs au cours de la dégustation

	Attaque	Évolution	Impression finale
Durée en secondes	2 à 3 Dominante sucrée	5 à 12 Diminution du sucré	5 et plus Dominance acide puis amère
		Augmentation de l'acide	

L'*attaque* est l'impression première qui emplit la bouche dès le contact avec le vin. La vinosité et les impressions douces, doucereuses, moelleuses, y dominent. Le dégustateur est ensuite attentif à la modification progressive de ces premières saveurs, à ce qu'il appelle l'*évolution*. Dans les vins jeunes souples et coulants et dans les grands vins ayant acquis le fondu du vieillissement, l'impression initiale agréable se prolonge longtemps. On dit de tels vins qu'ils sont *longs*, qu'« ils tiennent en bouche », qu'ils évoluent bien. Assez souvent, la saveur sucrée du début diminue d'intensité tandis qu'augmente la fraîcheur acide. Si cette évolution est rapide, on dit que les vins sont *courts*, qu'ils n'évoluent pas bien. Enfin, dans les dernières secondes apparaissent et se développent les saveurs amères et astringentes des vins rouges. Lorsqu'ils sont durs, ce sont elles qui dominent l'*impression finale*, que l'on appelle aussi *fin de bouche*. L'analyse de l'évolution du vin en bouche est très représentative de la constitution sapide du vin et de ses qualités gustatives.

Cette *persistance* sensorielle est plus ou moins longue ; c'est une sorte d'écho, de souvenir des sensations passées d'ordre gustatif, olfactif et du sens chimique commun. La persistance n'est pas toujours agréable. On appelle précisément arrière-goût une sensation finale différente des sensations préalablement perçues, et généralement défectueuse. On peut donner pour exemple la saveur *styptique* des sels de cuivre, perçue à partir de 4 à 5 milligrammes par litre de ce métal.

Évolution des saveurs et arômes en fin de dégustation

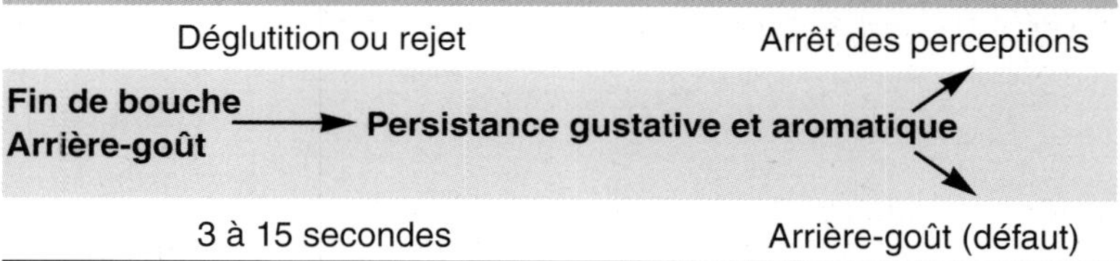

Les sensations de persistance sont d'un grand intérêt pour définir la classe et la qualité d'un vin. L'harmonie caractérise le bon vin ; c'est à la persistance de son arôme de bouche qu'on reconnaît le *grand* vin. On juge un vin à sa *longueur en bouche*.

La persistance gustative est à base de sensations acides, amères ou astringentes. Pour les vins blancs, c'est surtout l'acidité qui domine la fin de bouche et l'on discerne d'ultimes impressions d'équilibre, de fraîcheur, ou bien de dureté, de verdeur. Pour les vins rouges, ce sont surtout les saveurs variées et très complexes des tanins qui déterminent la persistance. Faute de connaître mieux les saveurs des différents tanins en fonction de leur état et des interférences des autres goûts, on peut distinguer d'une façon toute subjective : le tanin *noble*, savoureux, évolué, qui est celui des fruits mûrs des bons cépages et des grandes et vieilles bouteilles ; le tanin *amer*, que l'on trouve dans certaines variétés ordinaires ou, parfois, dans des vins d'acidité très basse ; le tanin *acide* et pointu, qui est celui des vins maigres, agressifs ; le tanin *rugueux*, ayant une franche astringence, des vins jeunes et des vins de presse ; le tanin *boisé*, qui vient des fûts de bon chêne ; le tanin *végétal*, provenant des raisins verts ou des raisins de zones viticoles à terroir commun. La persistance de l'arôme de bouche est due vraisemblablement aux constituants les moins volatils, donc les plus tenaces.

Les dégustateurs attachent une grande importance à la partie aromatique de la persistance ; la difficulté est de l'isoler des autres sensations. Vedel donne la définition suivante de la *persistance aromatique intense* (P.A.I.) : « Dans l'ensemble des sensations qui constituent la persistance, une observation attentive des sensations olfactives montre qu'après une période présentant une certaine uniformité d'intensité, celle-ci décroît brutalement. On a convenu d'appeler « persistance aromatique intense » cette première période et le dégustateur peut en mesurer la durée en secondes. La caudalie est l'étalon de mesure ; elle correspond à une seconde de persistance. » Les auteurs proposent d'utiliser cette mesure dans la classification en catégories de vins très différents. Ils définissent cinq classes correspondant aux nombres de caudalies suivants : jusqu'à 3, de 4 à 6, de 7 à 9, de 10 à 12, au-dessus de 12. Si cette méthode a l'avantage d'exiger un effort utile d'analyse gustative, on peut lui reprocher une schématisation excessive et une fausse précision. En réalité, les sensations ne s'arrêtent pas brusquement mais diminuent insensiblement d'intensité suivant le rythme de la respiration et des sensations agréables et moins agréables sont souvent mêlées. Nous sommes encore loin du jour où le chronomètre ou le métronome seront les outils habituels du dégustateur. Pour terminer, indiquons un « truc » de dégustateur. Placé devant une série de vins inconnus (pays, style...), on aboutit souvent à une bonne hiérarchie, conforme aux avis des spécialistes, en classant les vins selon leur longueur. Dans tous les vignobles, les grands vins sont des vins longs.

L'ODORAT ET LES ODEURS

L'ODORAT RECONNAÎT ET CLASSE les produits volatils ; le goût identifie les substances fixes solubles dans la salive et douées de saveur. L'odorat est un sens d'alerte, de plaisir. Il nous informe, très vite, sur l'air, les aliments, les boissons que nous consommons. Il peut déclencher la nausée, la faim, le désir, avec une infinité de nuances. Pour bien percevoir l'odeur, il convient de favoriser l'arrivée des molécules odorantes dans le nez par le « flairage », ou « reniflage », qui prépare aussi le cerveau à traiter les informations qu'il va recevoir. Les sensations olfactives sont évolutives : pendant un cycle olfactif de quatre à cinq secondes, on enregistre une augmentation progressive de la sensation jusqu'à une phase optimale, suivie d'une diminution et d'une lente disparition. Cette lente fugacité est un des obstacles à la mesure précise de la persistance aromatique. Elle constitue aussi un des charmes de la dégustation.

LA CLASSIFICATION DES ODEURS

LE SENS OLFACTIF EST TRÈS FIN, dix mille fois plus sensible que le goût, même si l'espèce humaine est loin d'avoir l'odorat de beaucoup de mammifères, pour qui il est le sens majeur. Notre sensibilité olfactive dépasse néanmoins les meilleures techniques de laboratoire : nous sentons réellement l'« indosable », l'impondérable.

L'odorat est aussi un sens sollicité par des stimuli très variés ; on compte plusieurs milliers de substances odorantes, que l'on a de tout temps essayé de classifier. Il y a deux siècles, Linné les classait en sept catégories. Parmi les nombreuses tentatives qui ont été faites, nous retiendrons la classification en dix séries — aussi arbitraire que les autres, mais qui a le mérite de répertorier des odeurs communément rencontrées dans les vins : *animale, balsamique, boisée, chimique, épicée, empyreumatique, éthérée, florale, fruitée, végétale*. On peut établir, à l'intérieur de cette classification, quelques groupes logiques, suivant approximativement la vie du vin :

– Les arômes primaires (du raisin, présents dans l'ensemble des « jus de fruits ») avec les séries végétale, florale, fruitée ;

– Les arômes secondaires (de fermentation, communs à l'ensemble des boissons fermentées) avec la série éthérée ;

– Les arômes tertiaires (« bouquet », voir plus loin) avec les séries épicée, empyreumatique, boisée et balsamique, animale, chimique.

LES SUBSTANCES ODORIFÉRANTES

LE VIN CONTIENT DE NOMBREUSES SUBSTANCES, nécessairement volatiles, possédant des odeurs : on les dit *odorantes* ou *odoriférantes*. Elles se libèrent du vin versé à cause de leur volatilité propre, de l'agitation, de la température... Les volatilités différentes expliquent la succession des odeurs perçues. Le cas est typique pour le ballon de cognac que l'on réchauffe dans la main et que l'on déguste par petites gorgées espacées. Quand le verre est vide, on perçoit encore longuement les fractions les moins volatiles du rancio boisé.

L'analyse par « chromatographie en phase gazeuse » sépare dans le vin des milliers de substances pour en identifier des centaines et en doser des dizaines, parfois simultanément. Les détections les plus subtiles, les plus sensibles, sont cependant faites par le nez de l'opérateur, après fractionnement physique sur des colonnes spéciales : belle affirmation de la primauté de l'homme sur la machine !

La mise en solution d'une substance à étudier — dans de l'eau, dans un mélange d'eau et d'alcool, dans du vin –, à une concentration connue, permet de déterminer des « seuils » olfactifs. Ceux-ci correspondent à la teneur minimale de cette substance perçue ou reconnue par la moitié des participants à un jury de « senteurs ». Un premier *seuil de détection*, d'apparition ou de perception, est déterminé — on note une présence odorante ; puis, un *seuil d'identification* ou de reconnaissance — on reconnaît telle odeur ; puis un *seuil différentiel*, et enfin un *seuil final* ou de saturation.

ARÔMES ET BOUQUETS

LES TERMES « PARFUM », « SENTEUR », mais surtout *arôme* et *bouquet* désignent l'odeur (agréable) plus ou moins intense, plus ou moins complexe, dégagée par un vin. Le mot « fragrance » appartient plutôt au langage poétique.

Il y a souvent confusion dans les termes employés couramment pour désigner les odeurs du vin. Le dégustateur a intérêt à faire une distinction dans son vocabulaire entre « arôme » et « bouquet » et à accorder à ces termes des significations un peu différentes. « L'école bordelaise d'Œnologie » a proposé, il y a environ cinquante ans, de désigner par « arôme » l'ensemble des principes odorants des vins jeunes, tandis que le « bouquet » est l'odeur acquise par l'élevage, la conservation, le vieillissement, et qui s'exprime avec le temps. Il est trop réducteur de dire que les vins blancs sont aromatiques et les vins rouges bouquetés. Il est de vieux vins blancs très bouquetés (sauternes, montrachet...) et des vins rouges aromatiques (beaujolais primeur...). La différence entre arôme et bouquet est subtile et ne justifie pas une querelle de mots, mais elle permet une analyse plus fine des caractères des vins.

En poursuivant l'analyse, on distingue deux types d'arômes. L'*arôme primaire* ou variétal préexiste dans le raisin et/ou se révèle dans le moût et le vin jeune ; il provient des pellicules des raisins. C'est le « fruité », caractéristique du cépage (muscats, sauvignon...). L'*arôme secondaire* apparaît au cours des fermentations sous l'action des levures, puis des bactéries pour certains vins, dans une « fermentation aromatique ». Cet arôme fermentaire peut être intense, très agréable, mais il est fugace ; il ne suffit pas à assurer les caractères olfactifs des vins plus âgés. Savoir vieillir, c'est conserver longtemps les vertus de la jeunesse ! Il y a, avec le temps, augmentation et diversification de l'odeur, acquisition de composantes nouvelles et transformation. Le bouquet des vins vieux est ainsi nommé sans doute en référence au parfum complexe d'un mélange de fleurs. Certains le nomment *arôme tertiaire*. Seuls les vins de classe sont capables de passer de l'arôme au bouquet.

LES ARÔMES PRIMAIRES OU ARÔMES DE CÉPAGE

LE CÉPAGE, C'EST-À-DIRE LA VARIÉTÉ DE VIGNE, donne au vin son identité, par sa structure de base — suivant la richesse des raisins en sucres, en acides, en tanins — et ses propriétés aromatiques — suivant l'intensité et la finesse des essences odorantes de ses fruits. Cépages et terroirs font tous les vins. Les exemples sont nombreux.

Le vignoble rouge de Bordeaux est peuplé par la famille des « carmenets » : cabernet-sauvignon, cabernet franc et merlot, bien connus, mais aussi petit verdot et carmenère, plus rares. La Bourgogne cultive les « noiriens ». Le bourgogne est pratiquement fait du seul pinot, le beaujolais du seul gamay. Beaucoup d'autres vins sont issus des raisins de plusieurs cépages : c'est le cas des bordeaux, côtes-du-rhône, riojas, etc.

La palette odorante des cabernets-sauvignons, par exemple, est d'une rare richesse qui s'étend encore lorsqu'ils vieillissent. On rencontre ces variations d'arômes fins de cassis écrasé, avec des notes épicées, fumées, résineuses qui rappellent le cèdre, parfois presque métalliques, se truffant en vieillissant, dans les grands crus médocains. On observe des arômes plus ou moins sauvages et végétaux, évoquant davantage la feuille froissée que le fruit, avec des cabernets-sauvignons cultivés sur des sols ou sous des climats trop généreux. On reconnaît (presque) partout le vin de cabernet-sauvignon, mais avec des caractères de résine, de clou de girofle, de réglisse, de varech, de rafle de raisin, de fumée, de suie… plus ou moins agréables, car plus ou moins fins et subtils.

L'arôme du pinot défie la description aussi bien que celui du cabernet-sauvignon ; il est fait d'une composition fruitée (cassis et framboise), souvent plus opulente, plus suave, parce que plus dégagée des interférences tanniques : il atteint l'inimitable perfection dans les premiers crus de la Côte de Nuits et de la Côte de Beaune. Il n'y a aucun autre site au monde lui convenant aussi bien. On trouve dans le chardonnay une grande puissance aromatique, avec un registre très large puisqu'il couvre les caractères du champagne de la

Côte des Blancs — où il est vif et léger –, du chablis — plus dur et plus corsé, nécessitant de mûrir quatre ou cinq années en bouteille —, des montrachet et meursault — qui évoluent comme des vins rouges avec fermentation malolactique.

Le riesling, cépage roi des terrasses des vallées du Rhin et de ses affluents, est tendre et moelleux, ou vif et acide, toujours léger et délicat, avec une plasticité aromatique exceptionnelle. L'odeur du genêt, verte et suave, est citée parfois comme référence de l'arôme du riesling, mais ce vin sent aussi la fleur de pêcher ou de vigne, et peut même révéler une imperceptible note d'hydrocarbures « typique ».

L'arôme des muscats est le plus intense, le mieux connu aussi. Il est dû à la famille chimique des terpènes, que l'on retrouve dans la plupart des huiles essentielles végétales : le géraniol, le nérol, le linalol sentent la rose, le terpinéol le muguet, le citronellol a un caractère citronné. Le gewürztraminer doit son odeur de rose au géraniol. D'autres cépages aromatiques, comme l'albariño de Galice, le sauvignon de Bordeaux ou de Loire, doivent leur arôme à d'autres composés, dont deux très importants pour le sauvignon — la 4-mercapto-4-méthyl-pentan-2-one et l'acétate de 3-mercapto-hexan-1-ol : que les non-chimistes nous pardonnent !

Il faudrait parler encore de bien d'autres cépages qui déterminent les caractères aromatiques originaux de tant de vins de qualité : le sémillon, la muscadelle du Bordelais, le chenin de Loire, le furmint de Tokay, le verdejo de Rueda et, pour les cépages rouges, la syrah de Côte rôtie, le mourvèdre de Bandol, le malbec de Cahors (et de Mendoza), le tannat de Madiran (et d'Uruguay), le barbera du Piémont, le grenache de Châteauneuf-du-Pape, de Navarre, le tempranillo de Rioja, etc. Des dizaines d'autres, plus ou moins répandus, mais qui sont à la base de vins attachants et personnalisés, mériteraient une mention. Certains sont très adaptés à leur zone d'origine (pinot, syrah, tempranillo), d'autres s'exilent facilement (riesling, cabernet-sauvignon). Une évolution relativement récente — depuis dix à vingt ans — aboutit à une mondialisation restrictive de l'encépagement, autour d'un très petit nombre de « vedettes », françaises : cabernet-sauvignon, merlot, pinot, syrah, chardonnay, riesling, chenin... Outre des réussites très variables, des déviations bizarres, on observe une banalisation navrante alors qu'il existe des dizaines de cépages totalement sous-utilisés.

La vinification révèle l'arôme primaire caché dans le fruit : le vin est plus aromatique que le raisin. Le cas du sauvignon blanc, cépage classique du Bordelais et du Val de Loire est très significatif. Lorsqu'on croque le grain doré à peau épaisse du sauvignon, on en ressent le parfum particulier, mais peu intensément. L'arôme très spécifique, qui rappelle la pêche, l'abricot, le pamplemousse, avec des notes de buis et de genêt, n'apparaît qu'après quelques secondes de mastication. De même, son jus fraîchement préparé est peu odorant alors que le vin qu'il donne peut être très puissamment « sauvignonné », parfois après quelques semaines ou mois d'attente.

LES ARÔMES SECONDAIRES OU ARÔMES DE FERMENTATION

LES FOULES DE LEVURES (jusqu'à cent millions par millilitre) qui transforment en alcool les quelque 200 grammes de sucre que contient un litre de moût de raisin synthétisent en même temps plusieurs dizaines de substances, qu'on appelle *produits secondaires de la fermentation*, beaucoup plus importants pour la qualité gustative du vin que l'alcool. Ces substances savoureuses — comme l'acide succinique, salé et amer — ou volatiles — alcools dits « supérieurs », esters, aldéhydes, acides gras... sont responsables des caractères gustatifs qu'ont en commun les différents vins. L'alcool n'est que le support de ces éléments aromatiques. Les proportions respectives, et par conséquent la nature et l'agrément de l'odeur, varient en fonction de nombreux facteurs : le raisin, les levures, les conditions de fermentation.

LA GENÈSE DES BOUQUETS

LA QUALITÉ DE L'ODEUR DES VINS est d'abord conditionnée par leur arôme primaire, qui vient du cépage. L'élevage, l'éducation pourrait-on dire, commence cependant par la perte de l'odeur du vin nouveau, par l'entraînement d'odeurs par le gaz carbonique de fermentation (50 litres par litre de vin) et se poursuit chaque fois que le vin est manipulé ou exposé à l'air. La récupération, souvent tentée, de ces substances « perdues », est toujours décevante : elles doivent effectivement être éliminées.

On peut opposer deux types de bouquets en relation avec la technologie de la conservation du vin. Certains vins titrant 16 à 18° d'alcool, sont conservés sans protection particulière contre l'oxygène de l'air, selon un vieillissement nommé oxydatif. Le vin prend un bouquet d'oxydation marqué par des odeurs de pomme, de coing, de noix, de rance, de « rancio », de madère, avec disparition des arômes primaires et secondaires. C'est le cas de divers vins doux naturels, vins de liqueur ou mistelles, comme le banyuls, le porto, le xérès oloroso ou l'amontillado, le madère, le marsala et bien d'autres. Ils ne s'améliorent pas en bouteilles, mais ne perdent pas leurs qualités après quelques jours dans une bouteille entamée.

Beaucoup plus habituel est le bouquet de réduction — pour le chimiste, le phénomène inverse de l'oxydation —, qui est celui des vins élevés aussi strictement que possible à l'abri de l'air. Les vins de ce type finissent leur carrière en bouteilles avec un bon bouchage étanche. Les vins rouges vieux, les grands vins blancs secs ou liquoreux ont des bouquets de réduction. Ils sont sensibles à l'oxygène de l'air et une bouteille commencée perd vite sa qualité.

Contrairement à une idée fréquemment émise, la bonification par formation d'esters (ou éthers) est sans fondement car cette estérification est très lente, limitée et ne produit pas de substances odorantes appréciables. En revanche, il est certain que divers éléments du bouquet sont libérés à partir de substances sans odeur (hydrolyse d'hétérosides, transformation des tanins). Le bouquet de maturation en cuves, en fûts, puis en bouteilles, s'affaiblit et disparaît avec le temps.

La transformation de l'arôme primaire en bouquet s'effectue grâce à diverses réactions chimiques, dont on connaît mieux les effets que les mécanismes, (condensation, oxydation sous l'influence de l'oxygène de l'air...), avec une évolution de l'odeur vers des nuances plus complexes, plus subtiles, et une certaine atténuation des caractères fruités. En même temps, le mélange des odeurs semble plus homogène, plus fondu, plus harmonieux. Cette transposition commence à s'observer généralement au cours du premier été. Les modifications progressives des tanins des vins rouges constituent une autre source de bouquet, provoquant la libération de petites molécules volatiles odorantes à partir de grosses molécules non volatiles. Par exemple, le vin jeune de Merlot, peu odorant, devient pleinement bouqueté après quelques mois ou quelques années.

L'élevage en barriques favorise souvent cette évolution en ajoutant certains caractères spécifiques du bois. On décrit des odeurs vanillées, grillées, de café, de torréfaction, de whisky... L'apport de « tanins », qui est souvent évoqué, est en fait très limité — quelques centaines de milligrammes seulement, contre deux ou trois grammes issus du raisin. Un élevage réussi est celui qui établit un équilibre parfait entre le raisin et le chêne : c'est aussi facile — ou aussi difficile ? — que de bien saler une sauce. Dans ce domaine d'ailleurs, les usages et les goûts sont très différents suivant les pays, les époques, les modes, et le marketing.

CHAPITRE 4

Difficultés de la dégustation et méprises des sens

Personne ne s'y connaît en toros.
À commencer par moi [le torero Antoñete*].*
Jean Cau, 1987.

LA DÉGUSTATION EST UN ART DIFFICILE

LE DÉGUSTATEUR NOVICE rencontre des obstacles divers : difficultés à reconnaître les caractères organoleptiques et à diriger sa perception par une attention orientée ; difficultés à se libérer de l'influence des facteurs extérieurs et des diverses formes de suggestion capables de modifier les perceptions et, enfin, difficultés à décrire les sensations par des mots. Les efforts de mémoire, d'interprétation et de jugement à partir de son expérience, sont eux aussi difficiles.

La première difficulté tient au caractère subjectif de la dégustation, basée sur des impressions liées à la personnalité du dégustateur. Il est impossible de mesurer un goût ou une

odeur, alors que l'on peut mesurer précisément la lumière, les couleurs, les sons…, sans pour autant apprécier vraiment la beauté d'une musique ou d'un tableau. Les nombreux olfactomètres proposés ne peuvent dispenser de se servir de l'organe humain de l'olfaction et donnent plutôt une estimation des concentrations en telle ou telle substance qu'une mesure de son odeur. Quantitativement, on ne peut définir l'intensité d'une odeur, d'un goût, qu'en la comparant à l'intensité d'excitations égales ou différentes, ce qui n'a de sens que s'il s'agit du même goût, de la même odeur. Nous pouvons affirmer qu'un goût est plus fort qu'un autre de même nature mais il nous est impossible de dire dans quelle proportion et s'il est, ou non, supérieur à un goût différent.

Au caractère subjectif de la dégustation s'ajoutent le niveau de compétence de l'expert dégustateur, ses dispositions, son vocabulaire, le sens exact qu'il attribue aux mots et l'importance qu'il attache à telle qualité ou à tel défaut. Les formations des dégustateurs étant différentes (commerciales ou techniques, régionales ou spécialisées dans certains types de vin), on comprend la diversité possible des jugements, surtout dans des cas limites et pour des vins spéciaux. Lorsqu'on confronte les notes données à une série de vins par un groupe de dégustateurs, on constate une équivalence des notations, par exemple, pour huit vins sur dix. Pour les deux autres cas, qui correspondent assez souvent à des vins soit d'une grande classe, soit ayant quelque défaut technique, les opinions divergent. Ces oppositions peuvent irriter, mais elles sont en réalité la base de la dégustation : recueillir des avis éclairés différents. Les dégustateurs s'opposent moins par leur sensibilité personnelle que par leurs interprétations. Chacun, selon sa formation, établit sa propre grille des normes de qualité d'un type de vin ou attribue plus ou moins de poids à tel défaut, à tel caractère. Si les dégustateurs étaient toujours d'accord, le travail en équipe n'aurait pas sa raison d'être et l'avis d'un seul suffirait ! Par opposition, l'opinion moyenne d'un groupe ne représente qu'une partie de la diversité, de la richesse des sensations perçues. En s'adressant à plusieurs, on multiplie les références et l'on se prémunit contre les erreurs.

QUELQUES ÉCUEILS DE LA DÉGUSTATION

L'INFAILLIBILITÉ N'EXISTE PAS dans le domaine gustatif et il faut admettre que les avis d'un même dégustateur peuvent varier selon ses conditions de travail. Les « professionnels » essaient de se mettre à l'abri des erreurs en se plaçant toujours dans le même environnement et en se référant aux mêmes termes de comparaison. Ainsi a-t-on normalisé certaines conditions de dégustation.

La forme de dégustation la plus sympathique, mais aussi la plus mauvaise, est celle que l'on pratique lorsqu'on visite les chais ou les caves et que le propriétaire ou le caviste vous fait l'honneur de son vin. Dans l'ambiance vineuse du chai, il est impossible de juger l'odeur propre du vin ; tous les vins paraissent meilleurs qu'ils ne sont en réalité, leurs défauts sont atténués par l'ambiance et l'impossibilité de les comparer.

Notre rythme physiologique journalier influe considérablement sur la sensibilité de nos sens et peut, lui aussi, modifier les conditions de la dégustation. La plus grande sensibilité correspond au moment où l'estomac est vide et où nous éprouvons l'appétit. C'est ainsi que l'heure la plus favorable se situe à la fin de la matinée, avant le déjeuner, selon les habitudes françaises entre onze heures et treize heures par exemple. Quant aux dégustations très matinales, elles sont peu attrayantes, et celles du début d'après-midi sont les plus pénibles et les moins efficaces. On peut envisager, si nécessaire, une autre séance vers dix-huit heures, quoique les performances y soient moins bonnes. Les dégustations à table, lors des repas, permettent de s'approcher des conditions usuelles de consommation du vin, en France.

Il faut, quand on déguste, tenir compte de la fatigue du nez et du palais, des phénomènes de saturation et d'accoutumance qui diminuent les qualités de n'importe quel dégustateur. Après une dégustation un peu longue, la nature des sensations peut être changée. On s'habitue ainsi à l'odeur du local dans lequel on séjourne ou l'on travaille, comme on s'habitue à son eau de toilette ou sa fumée de tabac qui importunent le voisinage. C'est par un mécanisme similaire que le consommateur s'accoutume au goût d'un vin et refuse, ou en tout cas apprécie moins, des vins différents, seraient-ils meilleurs. Combien, également, buvant régulièrement un vin défectueux, ne sont plus capables d'en reconnaître le défaut !

Au cours de la dégustation, certains caractères semblent se modifier ; l'un d'eux peut revenir après avoir disparu. Ce n'est pas que ce caractère augmente ou diminue d'intensité, c'est qu'on y est plus ou moins sensible et, surtout, que l'accoutumance efface la perception. Après quelques minutes de repos, on retrouve la même bonne ou mauvaise odeur dans le même verre.

Un vin peut s'imprégner de l'odeur d'un chai (odeur de moisi ou de vieux bois, par exemple), sans qu'on le remarque en le goûtant. L'odeur frappe lorsqu'on entre, puis n'est plus perçue lors de la dégustation. Rapporté au dégustoir, le vin manifestera à nouveau ses caractères étrangers. À l'intérieur du chai, en effet, le sens olfactif est saturé sélectivement par l'odeur du produit qui règne dans l'atmosphère, devenant insensible à cette même odeur existant dans le vin ; il perçoit par contre toutes les autres. Dans un cadre différent, lorsque l'odeur incriminée ne sature plus le sens olfactif, elle devient prédominante.

Dans un autre ordre d'idée, on constate que certains goûts désagréables d'acidité, d'amertume, d'astringence s'additionnent au cours de dégustations successives, fatiguant le palais. Un certain effet de fatigue provient également, au cours d'exercices prolongés de dégustation, du passage de l'alcool à travers les muqueuses de la bouche et du nez, même si l'on rejette complètement le vin.

Des effets de contraste peuvent encore modifier le jugement : un vin blanc sec paraîtra plus acide après un vin doux, et un vin rouge tannique paraîtra plus ferme après un vin souple. Pour éviter ces interférences, les vins doivent être classés dans un ordre logique avant d'être dégustés. Chacun peut avoir ses habitudes, mais il est d'usage de commencer par les vins rouges les plus légers, puis plus corsés, en continuant par les vins blancs secs, puis de plus en plus sucrés. Un dicton énonce : « Blanc sur rouge, rien ne bouge ; rouge sur blanc tout f… le camp. »

Connaître ces quelques écueils de la dégustation permet de mieux les éviter : la « supériorité » du (dégustateur) professionnel, ou de l'amateur éclairé, vient de ce qu'il connaît ses limites, en chaque occasion.

LE DÉGUSTATEUR EST PARTICULIÈREMENT INFLUENÇABLE

LA SUGGESTION EST UNE PENSÉE INSINUÉE, dictée de l'extérieur. Dans la vie sociale, presque tous nos actes sont le résultat de suggestions que nous recevons de nos parents, de nos enseignants, de notre entourage, de la société.

Le dégustateur peut, lui aussi, être facilement influencé, induit en erreur, surtout lorsqu'il doit juger des différences de peu d'amplitude. On peut l'orienter discrètement dans un sens ou dans un autre, par exemple selon sa façon d'énoncer la question posée, de libeller les étiquettes ou de présenter les échantillons. On peut le mettre sur la voie, l'aider ou, au contraire, brouiller les pistes. Lorsqu'il dispose de peu de données, le dégustateur a tendance à imaginer, à extrapoler d'après un simple détail. Il doit se méfier de ces diverses formes de conditionnement pour mieux s'en affranchir. Un goût imaginé et prévu est déjà à moitié perçu.

Pour exemple, citons le témoignage de Pasteur, à propos de vins « pasteurisés » ou non : « La commission venait d'être habituée à constater des différences, petites et grandes, entre les deux échantillons que j'offrais simultanément à chacun des membres. Il était dès lors facile de prévoir que si, à son insu, je la priais de déguster comparativement deux échantillons tout à fait identiques, mais qu'elle croirait différents, parce qu'elle ne serait pas avertie et qu'elle venait de prendre l'habitude de juger toujours des choses distinctes, elle se laisserait aller par erreur d'imagination à croire encore à des différences réelles. En conséquence, sans avoir rien dit ni rien fait qui pût éveiller des soupçons, je remis entre les mains de chacun des membres de la commission, dans des verres séparés, le même vin, sortant immédiatement de la même bouteille. Or chacun des membres (persuadé que l'un des verres contenait du vin chauffé et l'autre du vin non chauffé) accusa une différence entre les deux échantillons soumis à son appréciation. »

Si le dégustateur a une opinion préconçue sur la nature possible des caractères qu'il va trouver (un vin filtré est plus maigre, par exemple), il aura tendance effectivement à trouver — ou plutôt à ressentir — une différence entre deux vins, même si on lui a présenté deux fois le même. Il ne dira pas — ou rarement : « C'est le même vin », mais il dira : « Il n'y a pas de différence significative ». C'est toujours un aveu difficile pour le dégustateur de dire qu'il ne constate aucune différence entre deux vins. Peu sont capables de cette franchise. Cette autosuggestion profonde peut modifier les perceptions de n'importe qui : à la vue d'une étiquette

évoquant un chai à barriques, on reconnaît (presque) toujours un caractère boisé au vin ! Nous verrons qu'il existe cependant diverses méthodes, plus arides à expliquer qu'à mettre en œuvre, pour réduire considérablement ces inconvénients de subjectivité provoquée.

MULTIPLICITÉ DES TYPES ET HIÉRARCHIE DES VINS

LE VIN EST LE PRODUIT D'INTERRELATIONS COMPLEXES : de la nature et des hommes, d'un site et d'une société, d'une écologie et d'une civilisation. Aussi n'est-il pas étonnant qu'il soit varié à l'infini. Il n'y a pas deux vins identiques et l'on ne fait jamais exactement le même vin, en des endroits différents ou lors de récoltes différentes.

À vrai dire, on donne le nom de vin à certaines boissons simplement parce qu'elles sont issues du raisin ; elles peuvent, pourtant, n'avoir rien de comparable au goût. Climats, cépages et techniques divers ont permis de créer un grand nombre de types de vin, qui offrent toute une palette de couleurs, d'odeurs et de saveurs. Le champagne, le banyuls, le médoc, le vin de table, l'anjou rosé, le sauternes et l'alsace, pour ne citer que quelques vins français, ont peu de points communs dans leurs goûts et dans leurs arômes. Dans chaque type de vin, il existe une hiérarchie fondée sur des normes et des principes différents.

Une des difficultés pour le dégustateur est, précisément, de bien connaître les divers modèles de vin et leurs critères de qualité. Comme les boxeurs ou les bateaux de course, les vins ne peuvent être jugés que dans leur catégorie, c'est-à-dire en tenant compte de leur origine, de leur mention ou de leur marque, de leur prix. Cela suppose donc que le dégustateur connaisse les règles du jeu. Or on ne peut avoir étudié tous les vins ; il n'y a pas de dégustateur vraiment universel, la plupart étant spécialisés dans une zone vinicole ou une classe de vins.

Il est rare de trouver une compétence qui s'étende aux vins de plusieurs régions et, encore moins, de plusieurs pays.

La réglementation de l'Union européenne fixe une première base en distinguant deux grandes catégories : les *Vins de table*, ou VDT (anciennement, en France, vins ordinaires, vins communs, vins de consommation courante), et les *Vins de qualité produits dans une région déterminée*, ou VQPRD. En France, les Vins de pays (VDP) appartiennent à la première catégorie et, parmi les VQPRD, on distingue les *Vins délimités de qualité supérieure*, ou VDQS, de plus en plus rares, et, au sommet de la hiérarchie, les vins d'*Appellation d'origine contrôlée*, ou AOC. Chacune des nombreuses appellations contrôlées françaises est ensuite codifiée suivant ses caractéristiques de production (zone de production, encépagement, mode de culture, rendements, modes de vinification et de conservation, etc.). Le club des vins d'appellation d'origine contrôlée rassemble l'élite de la production : des vins d'ancienne noblesse complétés aujourd'hui, régulièrement, par l'apparition de nouveaux talents.

Hiérarchie entre appellations, hiérarchie à l'intérieur des appellations : tout dans ce domaine est hiérarchisé. Les crus de Médoc, Graves, Saint-Émilion, Sauternes ont un classement officiel ; de même les crus de la Côte de Nuits et de la Côte de Beaune. Dans le premier cas, cru est synonyme de propriété, de château ; dans le second, de commune, de « pays ». En Bordelais, la primauté des châteaux Haut-Brion, Latour, Lafite, Margaux et Yquem, date de la fin du xviiie siècle. Il y eut par la suite plusieurs classements — jusqu'à celui, historique, de 1855, pour Médoc et Sauternes — en cinq catégories de crus classés (premiers, seconds, troisièmes, quatrièmes, cinquièmes). Puis apparurent les crus bourgeois et les crus paysans. Mouton-Rothschild accéda plus tard (1973) au premier rang. Saint-Émilion (1954) et les Graves (1953-1959) ont un classement officiel plus récent, révisé tous les dix ans à Saint-Émilion.

La qualité d'un cru est d'abord dans le site et dans le sol, qui sont immuables et « incopiables ». Aussi, ce classement que nous venons d'évoquer est encore valable aujourd'hui dans ses grandes lignes, ayant résisté à toute une série de révolutions, sociales, techniques, économiques. Il n'existe sans doute pas d'exemple semblable dans d'autres productions agricoles de transformation.

L'ESSAI DE CLASSIFICATION UNIVERSELLE DE PIERRE COSTE

POUR SE GUIDER à travers l'extraordinaire variété de nos vignobles, et en négligeant délibérément les classifications officielles, Pierre Coste, négociant et dégustateur (*Les Révolutions du palais*, 1987), a défini non seulement les vins produits, mais leurs consommateurs — ou plus exactement leurs attitudes affectives, leur façon de boire : à chaque catégorie de vins correspond une catégorie de buveurs.

La première catégorie est celle du vin « boisson nationale du Français », bu sans être goûté ni ressenti, consommé par habitude. On le qualifie de vin « sans vice ni vertu ». Sa fonction exclusive est d'étancher la soif en y ajoutant les sensations flatteuses que procure l'ingestion d'un mélange éthylique, sans faire appel à l'imaginaire ni susciter l'émotion. C'était, il y a peu, le cas le plus simple et le plus fréquent. Seule l'indifférence aux goûts et aux odeurs, ou leur déformation, pouvait expliquer la vente de ces gros volumes de vins de table. Fort heureusement, la consommation de tels vins, qui ne font pas honneur à la viticulture, est en chute libre en France et dans tous les pays gros consommateurs de vin (Espagne, Italie, Argentine…).

La deuxième catégorie est celle des « faux bons vins » : ils peuvent être de grande origine, élevés selon les règles et faire illusion malgré de sérieux défauts (dureté, astringence, maigreur, odeur de boisé trop marquée, acidité, oxydation, verdeur, odeur d'acide sulfureux, selon les cas). Les consommateurs de ces vins sont qualifiés de « buveurs d'étiquettes ».

Il s'agit souvent de personnes qui ont mal assimilé quelques connaissances fragmentaires. De connivence avec un producteur soi-disant « traditionnel », vulnérables aux publicités, ils n'ont foi qu'en la prétendue « tradition » et sont dépourvus de tout esprit critique. C'est grâce à ce mauvais mais utile (?) buveur que s'écoulent, à bon prix, les vins passables et les mauvais millésimes.

La troisième catégorie regroupe les « bons vins », bien structurés, coulants, simples mais agréables et faciles à boire, généralement consommés jeunes, à saveur de fruit mûr et/ou arôme fleuri. Ils sont de développement récent et doivent beaucoup aux techniques modernes de vinification. Ce sont les « vins-jus de fruits ». Leur clientèle est souvent urbaine, active et jeune. Ces buveurs aiment les vins frais et vivants, de prix modérés et grâce auxquels, à travers la jeune saveur du raisin, ils retrouvent des images de vacances à la campagne. Ils appartiennent à la classe des gourmands puisque le vin est pour eux une gourmandise. Ils le boivent tout simplement avec plaisir et savent pourquoi ils l'apprécient. Un grand nombre de vins répondent à ces normes, chez nous et chez nos voisins.

Enfin la quatrième catégorie est celle des « grands vins », exemplaires uniques et sans défaut d'une œuvre d'art, complexes, personnels, riches en goûts et en arômes. Ils échappent à toute description et en sont d'autant plus attachants à déguster. Ce sont les vins de l'amateur éclairé, du gourmet privilégié, du gastronome érudit. Leur consommation est rituelle comme une communion. Il ne suffit pas de savoir ou de pouvoir les acheter, il faut les mettre en valeur selon les rites de la sommellerie. Ils ne peuvent accompagner que des mets dignes d'eux, présentés avec la même recherche que celle qui a présidé à leur élaboration. Si la manière dont on les sert n'est pas à la hauteur de leur raffinement, ils perdent tout leur sens et leur raison d'être. Pour les découvrir, on les boit à petites gorgées et dans le recueillement. Ils réjouissent l'esprit autant que les sens. Les vins de la troisième catégorie font rêver, les grands vins font réfléchir. Cet art de boire fait partie de la gastronomie. Souhaitons que les vins des derniers groupes décrits éclipsent peu à peu ceux, médiocres, des deux premières séries !

Cette classification, comme toute autre, ne saurait décrire la réalité tout entière, mais elle permet à chacun de réfléchir à la façon dont il situe chaque vin qu'il a le plaisir de goûter.

CHAPITRE 5

Techniques de dégustation

Je n'ai jamais senti une odeur pour elle-même
mais toujours pour ce qu'elle me rappelait.
J. Schlienger (acheteur de musc).

Ce chapitre, un peu didactique mais indispensable, résume l'ensemble des « bonnes pratiques » de la dégustation. Les préconisations sur le verre, le dégustoir, la préparation du vin et le travail des sens, ainsi que les recommandations à l'adresse du dégustateur, permettront à celui-ci de caractériser un vin le mieux possible et dans les meilleures conditions possibles. Comme pour l'apprentissage de la lecture, de nombreuses (bonnes) méthodes, différentes selon les temps et les lieux, sont bien connues. Les meilleures sont les plus simples, les plus efficaces et les plus agréables… À partir de notre expérience, nécessairement limitée, nous essayons de proposer un bon compromis entre diverses solutions.

LE GOÛTEUR

LE PALAIS DU DÉGUSTATEUR est un récepteur d'une sensibilité inouïe, mais très fragile et très influençable. Sensibilité et

justesse de la dégustation dépendent fondamentalement de la physiologie de celui qui goûte, de son état psychologique, de ses dispositions du moment. Le bon dégustateur est celui qui sait mesurer ses possibilités et ses limites et se maintient en condition. Il goûte lorsqu'il est « gustativement » en forme. Pour bien goûter, il faut être reposé, dispos, en bonne santé, et avoir l'esprit libre. La fatigue, les douleurs musculaires ou organiques, les soucis n'affectent pas les seuils d'acuité mais empêchent la concentration et diminuent l'appétence du vin. Pour bien goûter, il faut être attiré par le vin, en avoir le désir.

On perçoit avec le nez et la bouche mais on goûte avec l'ensemble du corps. Des affections chroniques ou momentanées des voies respiratoires ou du tube digestif, même légères (rhumes, asthme, brûlures d'estomac, dérangements intestinaux ou vésiculaires…), interdisent de déguster. Quant aux affections du foie, elles provoquent souvent des hyperosmies, véritables phantasmes olfactifs. Le dégustateur doit suivre des règles d'hygiène simples et entretenir sa denture ; il faut cependant noter qu'il est difficile de bien déguster peu après le brossage des dents. Après la dégustation d'un grand nombre de vins, les muqueuses sont irritées ; il est donc conseillé de laisser la bouche se reposer et de la rincer avec une eau alcaline (eau de Vichy).

Même s'il ignore l'identité des échantillons qui lui sont proposés, le dégustateur doit connaître l'objet et le contexte de la dégustation (type de vin, classement ou description…). Son attention sera proportionnelle à sa motivation.

Dans la conception française du savoir-boire, le vin est destiné à accompagner la nourriture. Il faut donc savoir que celle-ci a une influence sur les résultats de la dégustation. Suivant leur nature et leur composition, les aliments interfèrent différemment sur nos perceptions, par la modification du pH salivaire, par les réactions des tanins du vin avec les protéines alimentaires et/ou salivaires. Ainsi, la consommation préalable de viande augmente le seuil des sensations sucrées et acides et diminue celui des goûts salés et amers. Un effet inverse est produit par la salade. Le fromage, le citron, quant à eux, modifient la sensibilité aux quatre goûts. Il est en fait difficile de strictement codifier ces influences sur nos perceptions car tout le monde n'y réagit pas de la même manière. Ce qui est certain, c'est que l'on goûte mal après un repas trop copieux, de digestion difficile. En effet, tout excès affecte la capacité gustative. C'est pourquoi le dégustateur ne peut pas être un « buveur ». En contact intime et quotidien avec des boissons alcooliques, il ne peut exercer ce métier que s'il a sagesse et maîtrise de soi. La dégustation est l'école de la sobriété et le savoir-déguster implique le savoir-boire. L'habitude de déguster rend exigeant et ce n'est qu'en abandonnant un peu son sens critique que le dégustateur, blasé, peut redevenir un consommateur. Contraint de boire peu, il recherche la qualité. La technique de la dégustation tourne donc résolument le dos aux pratiques compulsives de l'alcoolique ; elle est même un antidote de l'alcoolisme.

Le dégustateur ne doit pourtant pas renoncer à l'entraînement. Seul l'exercice fréquent et régulier peut entretenir une bonne condition, car le goûteur « perd la langue » — comme d'autres perdent la main — pendant l'inaction. L'entraînement n'améliore peut-être pas les seuils de sensation mais il rafraîchit la mémoire et donne de la résistance, du « fond ». L'usage modéré du tabac ne semble pas modifier la sensibilité mais il est exclu de fumer dans les heures qui précédent comme pendant la dégustation. L'odeur de tabac dans la pièce, sur les vêtements, interdit une dégustation sérieuse, pour soi et encore plus pour ses voisins. En revanche, l'association du cigare et des grandes eaux-de-vie provoque apparemment une synergie de plaisirs.

On observe habituellement une diminution progressive de la sensibilité du goût et de l'odorat avec l'âge, à cause de la perte de cellules sensorielles. Néanmoins de bons dégustateurs en fin de carrière compensent cette déficience physiologique par une expérience plus approfondie et une meilleure capacité à faire des rapprochements et des comparaisons avec des vins connus.

On ne peut clore ce chapitre sur les réactions physiologiques du dégustateur sans évoquer les effets du passage de l'alcool à travers les muqueuses de la bouche. Sauf ingestion volontaire ou réflexe importante, les mesures d'alcoolémie montrent que ce passage d'alcool reste modéré, et nettement inférieur à la limite légale de 0,5 g/l. La dégustation entraîne cependant une fatigue générale, physique et cérébrale, qui ne peut qu'inciter à la sobriété.

LE VERRE, OUTIL DU DÉGUSTATEUR

QUE LE VERRE EST UN BEL OBJET ! Il est à la fois piège et présentoir : il retient le vin mais l'offre aussi. Il semble que le vin n'existe que par lui. Avant la transparence du verre peut-on imaginer qu'on dégustât vraiment le vin ? Le verre à boire date du XVIIe siècle (la bouteille, telle que nous la connaissons, du milieu du siècle suivant). Jusqu'alors, la patère, le calice, le hanap, le pot comme les gobelets et les tasses d'étain, de faïence, de grès ou de bois selon la richesse de chacun, cachaient leur contenu. A-t-on pu parler de grand vin avant la fin du XVIIe ou le début du XVIIIe siècle, avant que sur la table la carafe ne remplace la cruche et que l'on fabrique des verres plus adaptés à la dégustation ?

Ce n'est qu'au milieu du XIXe siècle que les verres « ballon », ancêtres des verres à dégustation, apparaissent. Rien n'exhausse plus la noblesse d'un bordeaux, d'un bourgogne ou d'un cognac, que la limpidité et la pureté du cristal. Le verre offre le vin à nos organes sensoriels en se prêtant aux exigences de l'œil, du nez et de la bouche. Sa nature, sa forme, son volume, la manière dont on le manipule influent sur nos sensations ; un vieux courtier bordelais avait coutume de dire : « Regardez mon verre, c'est la boule de cristal. J'y vois le vin, son passé, son présent, son avenir. » On le croyait un peu devin...

Il existe une technique du maniement du verre mais aussi des normes précises de conception qui le rendent fonctionnel. Il faut distinguer d'emblée le verre à déguster et le verre à boire de nos tables qui ont deux usages différents : juger ou jouir du vin. Tous deux doivent bien présenter le vin et flatter sa couleur et son brillant. Mais, peut-être, le premier n'exige-t-il pas une très grande commodité pour porter le vin en bouche puisqu'on n'en prélève qu'une petite gorgée, et le second n'a-t-il pas besoin d'être complètement adapté à l'olfaction puisque, à table, cette phase est limitée.

Le vin ordinaire, destiné seulement à être avalé et non dégusté, peut être bu dans n'importe quel verre. En revanche, un vin d'une certaine classe ne peut exprimer ses qualités dans un gobelet quelconque ; il exige un verre à pied de cristal mince, transparent, non coloré, à paroi lisse, sans fioritures ni gravures. Il doit s'effacer pour laisser la primauté au vin. Pierre Poupon le dit bien joliment : « J'aime les verres qui ne se voient pas et où le vin semble en lévitation à quelques pouces au-dessus de la nappe. » Combien de grands vins sont gâchés par de mauvais verres !

Il existe d'innombrables formes et tailles de verres pour la table, différents d'une époque à une autre, d'une région à une autre. Pour la dégustation, le choix de verres adaptés est plus restreint. Le verre à pied le plus simple est idéal, s'il est bien dessiné et assez grand. Le buvant (bord en contact avec les lèvres) doit être mince, ce qui n'est possible qu'avec du cristal ou du cristallin. On préfère boire la bière dans une chope épaisse mais un dégustateur qui goûte le même vin dans deux verres, l'un fin et léger, l'autre épais et lourd, a de grandes chances de trouver le vin du premier verre meilleur que le second. C'est un bon exemple de l'influence que peut exercer la présentation du vin sur notre jugement. Le verre à vin est nécessairement muni d'une jambe fine (ou tige), suffisamment haute, et d'un pied par lequel on le tient et on le manipule, entre le pouce et l'index. Le pied, ou patte, qui assure au verre sa stabilité, est le disque horizontal qui supporte la jambe et repose sur la table. Il n'est ni nécessaire ni suffisant d'agiter un verre par le disque de base pour être un bon dégustateur ! La tige se raccorde parfois à la coupe par un motif appelé « bouton ». Il faut éviter les verres à tige épaisse, ou carrée, ou alourdie d'olives, de reliefs. Il ne faut jamais saisir à pleine main le corps du verre (ou coupe, ou calice, ou paraison) ; le geste est inesthétique et maladroit, à l'exception peut-être du cas où le vin, trop froid, doit être réchauffé dans la paume de la main. Tendez un verre à quelqu'un, vous saurez, un peu, s'il est connaisseur ou non à la manière dont il le tient.

Depuis une vingtaine d'années, on utilise surtout le verre représenté page suivante, qui révèle l'intensité odorante maximale parce que le nez bouche littéralement son ouverture étroite. C'est celui qui permet le mieux d'étudier toutes les nuances aromatiques des grands vins. Il a été créé pour la dégustation des vins, vers 1970, par un groupe d'experts français, sur la base des travaux de l'Institut national des appellations d'origine (INAO) et a fait l'objet d'une normalisation AFNOR. Une jambe reposant sur un pied supporte son gobelet (dit « en œuf allongé »), dont l'ouverture est plus étroite que la partie convexe, afin de concentrer les odeurs. En verre transparent, dit « cristallin », il a un bord régulier, lisse et arrondi ; il est coupé à froid, fletté (c'est-à-dire abrasé pour assurer son horizontalité) et rebrûlé. Il a une contenance de 210 à 225 millilitres et permet d'opérer sur 70 ou 80 millilitres de vin. Pour la comparaison des vins effervescents, ce verre peut posséder un petite surface dépolie de 5 millimètres de diamètre, au fond et au centre du gobelet, favorisant la production des bulles. (Rappelons ici qu'il ne convient pas de servir le champagne dans une « coupe » mais seulement dans une « flûte ».) Ce type de verre « normalisé » est recommandé dans l'étude olfactive des vins et l'on peut admettre que son utilisation généralisée améliore beaucoup la reproductibilité des avis des dégustateurs. Il en existe différentes variantes, économiques ou de luxe. Les verres spéciaux, par type de vin, région... peuvent être décoratifs, amusants ou intrigants ; ils sont rarement fonctionnels.

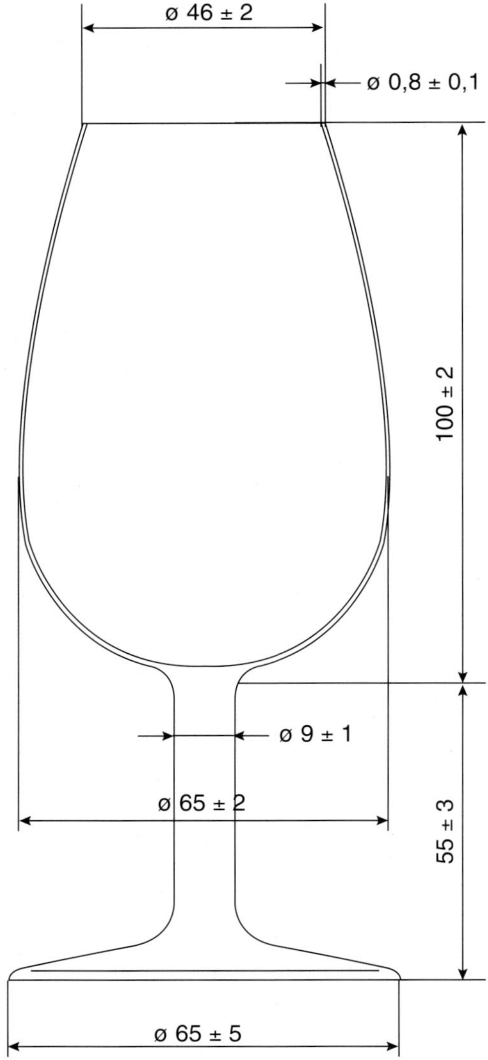

Dimensions en millimètres

Le verre à dégustation (type INAO).
Un verre ne doit pas être entièrement rempli à plus de 1/3 hauteur. L'espace au-dessus du liquide permet de capter les substances volatiles.

Enfin — et c'est important –, pour déguster il faut n'emplir le verre qu'au tiers ou, au plus, aux deux cinquièmes de sa capacité, ce qui permet, sans débordement, d'animer le vin d'un vif mouvement rotatif. La partie vide au-dessus du vin contient ainsi un fin brouillard odorant. Emplir le verre à ras bord est une erreur qui empêche d'apprécier pleinement le vin servi.

Le nettoyage des verres est une opération faussement simple. Les meilleurs résultats sont obtenus par leur lavage et leur rinçage à l'eau chaude, pas trop calcaire, aussitôt après qu'ils ont servi, sans détergents, sources inépuisables de mauvaises odeurs. S'il faut les dégraisser, on emploie une eau savonneuse sans odeur. Les verres ne doivent jamais être essuyés, mais mis à sécher, suspendus par le pied dans une armoire vitrée, à l'abri de toutes les odeurs. Lorsqu'on veut les utiliser, on les passe à nouveau sous le robinet, on les essore rapidement par agitation et l'on rince l'intérieur avec un peu du vin à déguster. C'est ce qu'on appelle « enviner », c'est-à-dire donner l'odeur de vin au verre (alors qu'« aviner » signifie imbiber de vin et s'applique à la futaille).

LE TASTEVIN, INSIGNE DU GOÛTEUR

LE PREMIER OBJET QUE L'ON UTILISA POUR BOIRE fut vraisemblablement un « pucheux », une tasse creuse de poterie, en forme de coupe, de coupelle, de coupole. Celles qui ont été retrouvées étaient en terre cuite, en céramique, en bois et en métal. Il était facile de plonger la coupe dans la source, l'amphore, le cratère, le broc ou la jarre, de renouveler la surface en la brassant et de « pucher » ou puiser la boisson. La coupe était munie d'une anse allongée ou d'une boucle pour y introduire l'index ; on évitait ainsi de la noyer. On utilisa tout naturellement le même instrument pour prélever, boire et goûter le vin sur le lieu de sa production. Au xve siècle, et sans doute avant, on appelait « taste-vin » une petite tasse plate, aux parois lisses ou bosselées. Les Bourguignons ont fait la fortune du mot en l'écrivant « tastevin ». Celui-ci vient du verbe « taster », ou « tâter », ou « tester », c'est-à-dire goûter ou essayer. Dans les pays de langue d'oc — car la Bourgogne n'en eut pas le monopole — l'objet était appelé « tassou », « tassot », tassette, tasse à vin.

Un bon modèle de tastevin bourguignon en argent peut avoir un diamètre de 85 millimètres, une hauteur de 29 millimètres et une capacité de 9 centilitres. Autrefois, l'intérieur était souvent orné d'un rinceau de grappes et de pampres. Le fond du tastevin actuel, décrit par Pierre Poupon, est presque entièrement occupé par le renflement de l'ombilic (« centre d'un plat ou d'une assiette quand il est en saillie arrondie »). Les bords sont agrémentés d'une couronne de perles espacées et asymétriques. D'un côté s'alignent une vingtaine de godrons allongés — ou de stries parallèles –, parfois plus courts, ou torses, ou obliques. De l'autre côté, huit cupules forment des cavités régulières. Vu d'un bord, le vin paraît donc plus léger en couleur, plus frêle, plus translucide — il est dit « de l'acheteur », parce qu'il rend l'examen plus sévère ; observé depuis l'autre bord, le vin paraît plus compact et plus sombre — c'est celui « du vendeur », parce qu'il flatte et farde (verbe ancien qui signifie « dissimuler les produits médiocres ») quelque peu.

La tasse à vin bordelaise est simple, dénudée, sans ornements, ni anse ni appendice. Elle tire sa beauté classique de l'harmonie de formes simples : 112 millimètres de diamètre, 48 millimètres de hauteur, une épaisseur de 7 dixièmes de millimètre, une contenance de 7 centilitres et un ombilic central très renflé en dôme. Les bords, inclinés à trente degrés, créent des épaisseurs de vin variant de 1 à 20 millimètres, ce qui permet d'observer, à travers la couche de vin, les effets de brillance du fond incliné ou convexe. La tasse à vin bordelaise n'est pas un puisoir mais un sobre présentoir, un miroir à vin.

La grande surface exposée à l'air du tastevin favorise la perte et la dilution des odeurs, le rendant de ce fait impropre à l'olfaction. Il n'est pas non plus approprié pour l'imbuccation. En effet, le contact du métal sur les lèvres, son épaisseur, sa température — changeante parce qu'il est bon conducteur de la chaleur et du froid — le rendent peu agréable au toucher labial. Certains hommes de l'art cependant s'en servent encore, tant par délicatesse naturelle que par fidélité nostalgique — comme on écrirait avec une plume d'oie. Le verre à dégustation a tellement d'avantages sur le tastevin qu'il l'a presque partout supplanté, sauf peut-être en Bourgogne. Il est cependant navrant de le voir transformé en vulgaire cendrier !

LES DÉGUSTOIRS ET LES CONDITIONS D'AMBIANCE

L'IMPRÉCISION DE LA DÉGUSTATION, des résultats parfois non reproductibles — et ce qui ne peut être répété ne saurait être démontré — s'expliquent le plus souvent par des conditions de travail inadéquates.

Il ne suffit pas que le dégustateur tente de s'affranchir des influences extérieures et sache se défier de lui-même, il doit être placé dans des conditions aussi favorables que possible : des installations fonctionnelles, un matériel approprié, un dégustoir — aussi simple soit-il. Le dégustateur amateur peut facilement appliquer les recommandations des professionnels à ses exigences, généralement plus simples. Puisais a proposé des conditions optimales dont il faut toujours se rapprocher.

Les échantillons doivent être prélevés suffisamment longtemps avant la dégustation pour être goûtés à une température uniforme et stable. Dans l'idéal, semble-t-il, la température du local où l'on déguste doit se situer vers 18 °C et l'hygrométrie être d'environ 60 %. Le professionnel évite de goûter lorsque la température est supérieure à 20 °C ou inférieure à 15 °C.

Le calme est nécessaire à la concentration du dégustateur. Sans exiger un silence absolu, difficile à obtenir dans un groupe, il faut éviter un niveau trop élevé de bruits de fond, ainsi que les bruits intermittents et les conversations qui détournent l'attention.

La couleur et la luminosité du local tiennent également un rôle. Les couleurs murales claires, unies, un peu neutres, sont recommandées, contrairement aux couleurs vives qui sont défavorables. Quelques couleurs augmentent l'intensité de certains caractères du vin. Notamment, le vert a tendance à renforcer l'impression acide, le bleu le goût amer, tandis que le rouge améliore artificiellement les sensations. Les éclairages violents et les surfaces brillantes sont à proscrire, aussi bien que la pénombre. Un niveau d'éclairement entre 200 et 400 lux est suffisant, et il faut, de toute façon, préférer la lumière du jour ; à défaut, il faut choisir l'éclairage artificiel qui s'en rapproche le plus, uniforme et bien diffusé. Les lampes électriques, dites à halogènes ou à filaments incandescents, sont préférables aux tubes fluorescents qui ternissent et faussent généralement les couleurs — bien qu'il existe aujourd'hui des tubes tout à fait adaptés.

La salle de dégustation doit pouvoir être aérée pour que disparaissent les odeurs internes ou de proximité (laboratoire, bureau, chai) — à raison de dix fois son volume toutes les heures, par exemple.

Le dégustateur doit-il opérer debout ou assis ? Cela dépend des circonstances et de ses habitudes. Dans les chais, on déguste souvent debout dans le coin-dégustation ou le bureau-dégustoir. En revanche, dans les organisations professionnelles, les syndicats viticoles, les écoles de dégustation, apparaissent de plus en plus de dégustoirs conçus pour travailler assis. Certes, le dégustateur qui reste debout est plus libre de ses mouvements ; il se sert, se déplace, s'approche ou s'écarte de la série de verres qui est sur la table, examine le vin devant la fenêtre ou la source lumineuse, fait quelques pas vers le crachoir, revient pour noter ses impressions. Mais ces mouvements sont autant de sources de distraction, surtout si plusieurs personnes effectuent les mêmes allées et venues. De plus, les annotations sont faites avec quelques secondes de décalage par rapport à la perception. Le dégustateur assis face à ses verres fixe mieux son attention. Ses comparaisons, plus rapides, sont plus précises ; ses notes sont prises à mesure des sensations. Mais la position assise demande, pour un même travail en groupe, plus de surface et des installations multipliées. Quoi qu'il en soit, les habitudes bien établies sont propices à la concentration ; elles évitent la dispersion de l'attention, inévitable dans un environnement inconnu, changeant ou agité.

L'équipement des salles de dégustation a fait l'objet d'études, de codifications et d'initiatives plus ou moins convaincantes. Pour des exercices courants, rassemblant un petit nombre de dégustateurs qui opèrent généralement debout, le mobilier du dégustoir peut être très simple. Il suffit d'une table facile à nettoyer, recouverte d'une plaque d'opaline ou de verre, ou encore d'une paillasse en céramique, pour recevoir les échantillons de vins et les verres, d'un évier-crachoir assez profond, d'une armoire à portes et étagères de verre pour ranger les verres propres. Pour des dégustations plus précises (séances expérimentales ou de contrôle, concours de vins ou de dégustateurs), il est bon de disposer d'un local plus fonctionnel. On connaît actuellement dans chaque région vinicole des installations de ce type, parfois très perfectionnées.

Le principe est que chaque dégustateur soit assis dans une sorte de stalle. Des cloisons latérales et frontales de sa hauteur, réalisées en matériau léger, l'isolent de ses voisins. Il est commode pour certains usages, et en particulier pour l'enseignement, que ces cloisons soient amovibles. Chaque poste d'une largeur de 80 à 90 centimètres comporte, à 75 centimètres de hauteur environ, un plan de travail d'une profondeur de 40 centimètres formant table. Celui-ci est réalisé dans un matériau dont la surface polie doit être d'un entretien facile (type « formica », par exemple). Sur le côté gauche de la table est installé un évier-crachoir d'environ 30 centimètres de large, assez profond, de couleur noire ou lie-de-vin, avec un dispositif de rinçage. Les couleurs de ce dernier équipement doivent être de ton neutre : fauve clair, beige léger, blanc cassé. Chaque stalle comporte un siège, de préférable réglable en hauteur. Outre l'éclairage général de la salle, il convient d'installer un spot lumineux orientable, à rayonnement étroit, qui permettra l'examen de la limpidité.

RAPPEL DE QUELQUES RÈGLES D'ÉCHANTILLONNAGE ET DE DÉGUSTATION

UN ESSAI DE CONTRÔLE D'ÉCHANTILLONNAGE fut effectué dans trente châteaux du Bordelais. Dans un premier temps, le maître de chai préleva dans chacun d'eux une demi-bouteille du vin de l'année, suivant sa technique. Dans un deuxième temps, on échantillonna la même cuve ou la même barrique avec toutes les précautions nécessaires. Dans dix cas sur trente, le premier échantillon — celui du maître de chai — se goûta moins bien que le second : manque de netteté, odeurs de poussière, de mauvais bois, goût de bois neuf trop marqué, goût d'évent. Un tiers des vins avaient donc été dépréciés par le mode d'échantillonnage. Cette observation demande réflexion : *échantillonner* n'est pas l'opération facile qu'elle paraît.

Dans le cas des vins en cuves, l'échantillonnage semble simple : il suffit de prendre un petit volume de vin dans la cuve. Pourtant, entre la partie haute et la partie basse de la cuve (limpidité, aération), l'homogénéité des grandes masses n'est que relative. L'idéal est donc de prélever en profondeur, en plongeant vivement par la trappe supérieure de la cuve une bouteille fixée à une perche, ou à l'aide du robinet-dégustateur, vers la mi-cuve, en laissant couler plusieurs litres de vin pour dégorger. Lorsque le vin est en fûts, on prend l'échantillon sur plusieurs d'entre eux en évitant de prélever le vin qui est directement au contact du bois, en plongeant une sonde au cœur de la barrique par l'orifice de la bonde, ou encore par siphonage. Pour éviter que les vins ne soient modifiés par l'oxygène de l'air, il faut les déguster rapidement après le prélèvement de la bouteille-échantillon, préalablement envinée. Si la dégustation est retardée, on garde la bouteille bien bouchée quelques jours en repos, à température fraîche. Trop de vins sont mal jugés, lors d'agréments, de concours... parce que les échantillons dégustés sont saturés d'oxygène. Pour les vins en bouteilles, il est indispensable de ne pas mélanger le dépôt toujours possible et de ne pas aérer le vin. On débouche avec précaution et l'on verse directement dans le verre à dégustation. Si l'on préfère décanter, l'opération

doit être faite au tout dernier moment. Une aération même légère suffit à modifier les vins vieux.

Une bonne dégustation doit être organisée, structurée. Une sensation qui succède à une autre n'étant perçue à sa juste valeur que si elle est due à une excitation différente ou plus intense, il faut classer les vins à goûter par ordre d'intensités excitatives croissantes, c'est-à-dire des plus faibles aux plus alcoolisés, des plus légers aux plus corsés, des plus secs aux plus liquoreux. Certains dégustateurs obtiennent des résultats plus fiables simplement parce qu'ils respectent un ordre logique de dégustation et savent mieux ordonner leur travail.

Il est inutile de confronter des vins de natures, d'origines ou d'âges très différents. La dégustation doit porter sur des vins de même type. Sauf exception, on commence par les vins les plus jeunes. Les vins issus d'une même région sont présentés selon leur puissance, leur valeur ou leur notoriété. La « puissance » supposée est déterminée par le degré alcoolique, la teneur en sucres, la richesse en tanins, l'élevage sous bois… Une pré-dégustation rapide faite par une personne entraînée est très favorable à la bonne qualité de la dégustation générale.

DE L'INFLUENCE DE LA TEMPÉRATURE SUR NOS SENS

LA SENSATION DE FRAÎCHEUR dans la bouche et dans la gorge fait partie du plaisir de boire, de se rafraîchir, de se désaltérer. « Et beuvez frais si faire se peut », conseillait Rabelais.

Dans l'acte de boire, la sensation du liquide froid ou chaud est communiquée par la sensibilité thermique — partie intégrante du sens tactile — des lèvres et de la pointe de la langue, surtout. Elle peut être d'une précision stupéfiante : il est possible de distinguer, pour deux vins, un écart thermique d'environ un degré seulement, tout au moins dans des températures comprises entre 10 °C et 20 °C, qui sont celles qui nous intéressent pour la dégustation. L'impression thermique dépend de la conductibilité de l'objet mis en contact avec les muqueuses : à température égale, le métal, le verre ou la faïence ne donnent pas les mêmes sensations. Certains produits, par leur nature, procurent un effet rafraîchissant parce qu'ils sensibilisent les récepteurs du froid et inhibent les récepteurs du chaud — c'est le cas du menthol. La température du vin joue un rôle considérable sur les impressions olfactives et gustatives, quantitativement et qualitativement : seuls des vins à la même température peuvent être comparés, et des vins trop chauds ou trop froids sont difficiles à juger.

Cet effet de la température du vin sur l'olfaction a des causes physiques. En effet, une élévation thermique favorise l'évaporation des substances volatiles odorantes. La partie aérienne du verre, au-dessus du vin, en équilibre avec la constitution volatile de la phase liquide, s'emplit plus ou moins de vapeurs odorantes ; leur concentration aromatique est plus forte à la chaleur. Les arômes et les bouquets paraissent exaltés à 18 °C, diminués à 12 °C et neutralisés au-dessous de 8 °C. L'évaporation de l'alcool et son odeur particulière, support de toutes les autres, suivent les mêmes lois. À partir de 20 °C, l'odeur de l'alcool peut prédominer, diminuant ainsi l'agrément et la finesse d'un bouquet. Les défauts sont accentués à température élevée ; c'est le cas du caractère acescent (« qui s'aigrit ou devient acide ») et du manque de netteté dus à l'acétate d'éthyle, de l'odeur chimique de l'acide sulfureux. Le moyen le plus adroit d'atténuer la perception des défauts olfactifs de certains vins est de les présenter plus froids. L'une des différences entre l'arôme de bouche et l'arôme perçu par voie directe — entre l'arôme intérieur et l'arôme extérieur, pourrait-on dire — est due en partie à l'écart de température entre ces deux sensations : d'abord, les substances très volatiles se manifestent fortement, puis d'autres composés peu volatils apparaissent. Il est conseillé de conserver le vin dans la bouche un temps suffisant pour que les substances odorantes se dégagent et soient perçues par l'odorat. Un vin gardé dans la bouche pendant dix secondes voit sa température s'élever de 10 °C à 25 °C.

Ce sont les taux respectifs de sucre, d'acidité, de tanin, de gaz carbonique et le degré alcoolique qui déterminent la meilleure température de dégustation d'un vin. Ainsi certains vins, pourtant servis à la même température que d'autres, procurent une sensation de fraîcheur plus grande. Le choix de la température idéale pour faire valoir un vin est complexe mais il est possible d'énoncer quelques règles pratiques simples. Les températures très basses, au-dessous de 6 °C ou 8 °C, anesthésient les papilles. Entre 10 °C et 20 °C, les différents goûts évoluent. Notamment la « sucrosité » augmente avec l'élévation de la température : une solution de saccharose, comme toutes les substances à goût sucré (sucres divers, glycérol, alcool), semble plus sucrée à 20 °C qu'à 10 °C. Un vin liquoreux et une liqueur paraîtront moins doucereux à basse température. L'étude de la sensibilité à la saveur acide en fonction de la température a donné lieu à des observations contradictoires. Le seuil de perception de l'acidité ne change pas avec la température mais l'optimum de sensation acide se situe à des températures élevées, de 35 °C à 50 °C. Pour Max Léglise, un vin paraît plus acide lorsqu'il est froid. Il a été dit qu'un vin mou, servi frais, a un meilleur équilibre acide. À chaleur élevée, le caractère brûlant de la somme acidité + alcool est renforcé. On s'accorde sur le fait que la sensibilité au goût salé, à l'amertume et à l'astringence, à l'inverse du goût sucré, est plus grande aux températures plus basses. L'amertume de la caféine ou de la quinine est trois fois plus sensible à 17 °C qu'à 42 °C. Le même vin rouge paraîtra brûlant et mince à 22 °C, souple et coulant à 18 °C, corsé et astringent à 10 °C. C'est la raison même du *chambrage*.

On peut traduire ainsi la loi fondamentale de la présentation des vins rouges : plus un vin est tannique, plus il doit être servi tempéré. Les vins blancs, presque dépourvus de tanin, sont bus froids ; les vins rosés, qui en contiennent peu, sont servis frais ; les vins rouges peu macérés, du type primeur ou nouveau sont bus à la température de la cave ; les vins de garde, de structure tannique, sont bus tempérés ou chambrés.

On peut énoncer la même loi de la façon suivante : les vins riches en arôme, qui ont donc le fruité de la jeunesse, profitent d'une température de dégustation un peu basse, qui souligne précisément leur fraîcheur aromatique. Ceux qui ont acquis du bouquet grâce à un vieillissement en bouteilles sont présentés à la température ambiante, qui renforce leur caractère bouqueté et accentue leur souplesse. C'est la logique même, car il existe généralement une relation inverse entre le fruité et le tannique.

La vinosité, cet effet de chaleur que provoque l'alcool sur le palais, est atténuée aux températures fraîches. C'est pourquoi les vins généreux se boivent plutôt frais. On ne perçoit presque plus l'alcool d'une eau-de-vie blanche ou d'une liqueur qui sort du congélateur. En revanche, la vinosité s'accentue jusqu'à la sensation de brûlure dans la gorge aux températures élevées.

Une haute température favorise la libération du gaz carbonique que contiennent plus ou moins tous les vins. Le picotement caractéristique d'un vin blanc qui contient 700 milligrammes par litre de gaz carbonique se perçoit fortement à 20 °C, alors qu'il est à peine perceptible à 12 °C ou 14°C et qu'il ne l'est plus à 8 °C. Le phénomène est analogue pour un vin rouge qui en contient 400 milligrammes par litre ; si ce vin est bu frais, le gaz carbonique passe inaperçu ; s'il est chambré à 18 °C ou 20 °C, il pétille désagréablement sur la langue. Le champagne, les vins effervescents sont pour leur part versés très froids dans les flûtes pour limiter le dégagement du gaz : c'est seulement ainsi qu'ils sont agréables.

À ceux qui prétendent, uniquement par habitude, qu'on boit les vins blancs frais et les vins rouges chambrés, on peut donc proposer quelques raisons physiologiques qui justifient cette tradition. Il y a pour chaque type de vin une température optimale « objective », et quelques degrés d'écart suffisent pour qu'un vin soit ou ne soit pas trouvé agréable. Il y a, dans ce domaine, des erreurs dramatiques : une bouteille qui a demandé tant de travail et de soins, de temps et d'argent, pour arriver parfaite jusqu'à la table du consommateur, peut être soudain dépréciée par quelques degrés de tiédeur excédentaires.

Température des vins et vocabulaire	
Réfrigéré, glacé, gelé	Vers 0 °C
Frappé	4 à 6 °C
Froid	6 à 12 °C
Frais	12 à 16 °C
Tempéré, chambré	16 à 18 °C
Tiède, attiédi, chaud	Au-dessus de 20 °C

LES TEMPÉRATURES DU BIEN-GOÛTER

MAINTENANT QUE NOUS SAVONS l'importance de la température sur les sensations organoleptiques, nous avons des éléments de réponse aux questions : « À quelle température doit-on déguster, à quelle température doit-on boire ? »

Ces températures ne sont pas les mêmes. Le dégustateur goûte avec un esprit critique et ne doit pas se placer forcément dans les conditions idéales de présentation, qui atténueraient quelque défaut éventuel. Les dégustations des professionnels se font entre 15 °C et 20 °C, quel que soit le type de vin, en réalité sans précautions particulières, sinon celle de ne pas goûter, en hiver, des vins trop froids sortant du chai, ou de ne pas goûter, en été, des échantillons trop chauds laissés dans une pièce ou un bureau chauffés.

Pour satisfaire la recherche de plaisir de l'amateur, du buveur éclairé, les vins seront présentés à la température jugée la plus propice à flatter leurs qualités et à minimiser leurs défauts. Cette température idéale, difficile à établir précisément, est subjective, dépend de la nature du vin, de l'ambiance, des habitudes et des goûts du consommateur. La vérité pourrait être dans l'axiome : « une température pour chaque vin, une température pour chaque goût », ce qui laisserait la place à une grande diversité d'opinions et serait une façon habile de ne pas s'engager.

Si l'on veut rester prudent, choquer le moins de monde possible, tout en étant clair, on s'inspirera des conseils du tableau ci-après, fondé sur l'expérience que donne l'observation réfléchie.

Barème ordinaire des températures du service des vins	
Vins rouges de Bordeaux	18 °C
Vins rouges de Bourgogne	16 °C
Vins rouges tanniques, porto rouge-vintage	16 °C à 18 °C
Vins rouges peu tanniques : beaujolais, gamays…	14 à 16 °C
Vins blancs corsés, aromatiques, vins liquoreux, vins rosés, banyuls, porto blanc, xérès	10 à 12 °C
Vins blancs légers, acides, effervescents	8 à 10 °C

On constate que, généralement, on a tendance à boire les vins rouges trop chauds (peu de vins résistent à une température supérieure à 18 °C) et les vins blancs trop froids. Si l'on devait s'écarter de ces normes, mieux vaudrait les servir plus froids de 1 °C que plus chauds de 1 °C. Un vin trop froid se réchauffe d'ailleurs spontanément dans le verre. Dans une pièce à 21 °C, un vin blanc à 6 °C ou 8 ° C, température trop basse pour lui, passe à 10 °C ou 12 °C en 12 à 15 minutes. Il suffit de patienter et d'attendre, ou encore d'accélérer ce réchauffement en prenant le calice du verre dans le creux de la paume.

Le bon équilibre thermique ne dépend pas seulement de ce qu'affiche le thermomètre : un vin rouge à 20 °C peut convenir avec un plat chaud, alors qu'il serait tiède avec le fromage ; lorsqu'il fait froid, il est bon d'augmenter un peu les températures recommandées par le barème précédent ; à l'opposé, en été, on apprécie de boire plus frais, plus désaltérant. Il faut également tenir compte des usages et des opinions spécifiques. Certains Médocains servent de très vieux vins presque attiédis, alors qu'une mode récente, « anticonformiste », prône de boire les vins rouges très frais. Dans ce domaine du goût, où tout peut se discuter, il est facile de prendre le contre-pied des idées couramment admises. Mais il y a souvent très peu de distance entre l'exception et l'anomalie, entre l'originalité et le manque de bon sens !

De la manière de sentir le vin

L'ACTE GUSTATIF est relativement facile à décrire. Le vin est placé dans un verre, observé, senti puis porté à la bouche ; on prolonge ou non le contact avec la bouche par différents mouvements des joues et de la langue ; enfin le vin est rejeté et les impressions ne s'éteignent que lentement. Pendant ces opérations, on est attentif aux diverses sensations, à leur évolution et à leur persistance. Il reste ensuite à décrire les impressions reçues, à les interpréter et à formuler un jugement. On conçoit qu'il puisse y avoir plusieurs façons de procéder, que chacun ait sa technique. Néanmoins, la dégustation gagne en justesse si l'on respecte un ordre et une méthode, si l'on opère selon certains principes bien adaptés au but recherché. Il convient de coordonner, avec une attention soutenue, les enchaînements de gestes, les mouvements musculaires et les interventions successives ou simultanées de plusieurs sens.

Comment sentir le mieux possible ? L'intensité de l'odeur du vin dépend de la forme du verre qui le contient, de son volume, de son mode d'agitation dans le verre et de la proximité de sa surface, où le nez prélève l'air odorant. Les vapeurs exhalées flottent au-dessus du vin et remplissent la partie vide du verre comme un fin brouillard invisible. Elles sont plus concentrées quand le vin est agité, quand l'embouchure du verre est resserrée, et plus diluées dans un verre évasé. La composition de ces émanations odorantes dépend d'abord de la tension de vapeur, de la volatilité des substances. Les vapeurs sont hydroalcooliques — l'alcool y est plus concentré que dans le vin lui-même —, ce qui facilite l'extraction et l'effluence des corps volatils odoriférants. En outre, une forte agitation de la surface forme dans l'air une émulsion de particules du liquide, une sorte d'aérosol, phénomène dont les facteurs et les conditions sont un peu différents de ceux de la volatilité.

Il est facile de comprendre que, pour un même vin, la force de l'émanation odorante et sa constitution varient suivant la surface d'évaporation et suivant les volumes relatifs de liquide

et d'air. En appliquant simplement la narine sur le goulot de la bouteille, on ne sent pas le vin mais seulement la trace odorante du bouchon. Un exercice instructif de dégustation consiste à sentir le même vin dans quatre verres identiques d'environ 220 millilitres, mais emplis de quantités différentes — par exemple, 20, 50, 100 et 200 millilitres. On constate que l'odeur et sa finesse augmentent avec le volume de vin jusque vers 100 millilitres ; au-delà, on ne peut agiter le verre sans le faire déborder et, si le vin est au repos, le nez respire l'air extérieur. Il faut donc suivre, dans la phase olfactive, des modalités précises quant à la forme et la capacité du verre, le volume de vin et le mode d'agitation.

Il y a trois façons de sentir le vin dans le verre que l'on appelle les « trois coups de nez ». La première consiste à sentir le vin au repos dans le verre empli au tiers ou aux deux cinquièmes. On expire l'air des poumons et l'on flaire en inspirant lentement l'atmosphère au-dessus du vin. Les narines explorent l'entrée du verre posé sur la table, ou bien on les approche du disque du vin en soulevant le verre et en le penchant plus ou moins, sans le remuer. Dans le premier cas, on peut faire, sans toucher les verres, des comparaisons rapides et précises de vins placés côte à côte, qui présentent des odeurs voisines. L'odeur perçue est légère car on n'en saisit que la partie la plus diffusible.

La deuxième méthode est plus courante et toujours recommandée. Le vin est senti tout de suite après avoir été mis en mouvement afin d'augmenter la surface de contact avec l'air et l'évaporation des substances odorantes ; l'odeur du vin est alors exaltée de la manière la plus agréable. Le mouvement de rotation que l'on imprime adroitement au verre en le tenant par le pied creuse la surface du vin, le fait monter le long des parois et emplit la partie vide de vapeurs odorantes. Si dans les premiers temps on manque d'habileté dans cet exercice, on pose le verre sur la table et l'on donne au vin un mouvement tournant en faisant glisser le verre doucement et en lui faisant décrire des cercles sans le soulever. « Le sens inverse à celui des aiguilles de la montre semble le plus facile pour les droitiers », remarque Édouard

Kressmann. Le dégustateur incline alors le verre et approche le nez du vin pour le humer de plus près. Il peut recommencer l'opération plusieurs fois.

Pour souligner les défauts olfactifs, une troisième méthode convient mieux que l'examen précédent, qui peut laisser un doute sur la netteté odorante. Dans ce cas, l'agitation du verre est vive, saccadée, de façon à briser le vin, à l'émulsionner. On peut dans les cas extrêmes boucher le verre de la paume de la main et l'agiter vivement de bas en haut. On sent immédiatement la surface du vin. Les odeurs ainsi dégagées sont moins agréables ; c'est un moyen de mettre en évidence les mauvaises odeurs d'acétate d'éthyle, d'oxydation, de bois, de moisi, de styrène… et les puanteurs sulfhydriques. Expérimentalement, on peut renforcer l'odeur vineuse en agitant vigoureusement le vin à l'aide d'un agitateur magnétique ou en insufflant de l'azote ou de l'air. L'extraction par un courant gazeux sert d'ailleurs de méthode d'étude des substances volatiles et odorantes.

On a préconisé aussi (un quatrième coup de nez en somme) de respirer les odeurs qui restent attachées au verre qu'on vient de vider, comme on le fait couramment avec les grandes eaux-de-vie. Beaucoup de vins ne laissent rien mais les vins vieillis dans le bon bois abandonnent des odeurs grasses, dominées par les arômes des tanins du vin et du chêne modifiés par le vieillissement.

Il convient pendant ces exercices olfactifs de bien contrôler le rythme de la respiration. Il faut sentir par inspirations lentes, en flairant, en humant, par bouffées plus ou moins profondes suivant la puissance odorante. On pratique des séries de deux ou trois inspirations de deux à quatre secondes chacune. Au cours d'une inspiration, on relève une succession, une gamme d'odeurs. L'acuité olfactive s'émoussant rapidement, il faut noter les impressions au fur et à mesure qu'elles sont ressenties et espacer chaque série d'inspirations par des temps de repos. Les bonnes comparaisons olfactives nécessitent une technique simple et précise : respirer toujours la même quantité d'air, avec la même force ;

expirer de la même façon entre chaque perception. Le souvenir olfactif perd vite de sa précision et l'on ne peut confronter des odeurs que si un temps très court sépare deux olfactions successives. Dans cet intervalle de temps, on respire profondément, calmement, en concentrant son esprit sur le souvenir de la sensation. La moindre distraction oblige à tout recommencer.

Il faut accorder à l'olfaction au moins autant de temps qu'à l'analyse des sensations purement gustatives. Rien ne renseigne comme le nez sur la finesse, la classe, l'âge d'un vin. La dégustation de certains types de vin de qualité (porto...), des eaux de vie, repose presque uniquement sur l'olfaction.

Le dégustateur joue avec les phénomènes d'accoutumance olfactive, d'adaptation sensorielle. On ne peut bien déguster, bien sentir, que si la bouche est avinée, si l'arrière-nez est imprégné des vapeurs de vin. Le premier vin est toujours mal jugé ; pour « se mettre en bouche », il vaut mieux débuter par des vins connus qui serviront de références. Ainsi, en s'accoutumant à l'odeur vineuse intense, base commune des vins dégustés, l'on y devient moins sensible et plus apte à percevoir une odeur différente ou des nuances plus fines.

LE VIN DANS LA BOUCHE

« APRÈS L'ODORATION DU VIN, on pratique son imbuccation », aurait-on dit au XVIIIe siècle. Il n'y a rien de plus simple, apparemment, que de porter le vin à sa bouche mais que se passe-t-il à l'intérieur ? Combien de fois faut-il faire tourner la langue et de quelle manière ? Quels sont les mouvements les plus efficaces ? Les réponses ne sont pas faciles à donner car chaque dégustateur a ses mimiques et ses gestes plus ou moins automatiques et inconscients. Il est d'ailleurs bon de les répéter exactement, sans avoir à y réfléchir, pour procéder à des dégustations comparatives.

Regardons opérer un dégustateur. Il soulève et incline le verre vers ses lèvres, la tête légèrement penchée en arrière, avec le geste habituel que l'on fait pour boire. Mais il ne laisse pas couler le vin par gravité, librement ; il le retient et l'aspire doucement, bouche ouverte et lèvres en avant, le bord du verre appuyé sur la lèvre inférieure. La pointe de la langue vient au contact du liquide entre les mâchoires écartées. Le vin s'écoule sur la langue, qui le maintient dans l'avant-bouche. Les muscles des joues et des lèvres augmentent ou diminuent la pression dans la cavité buccale, sans que le goûteur y pense, avec aspiration ou refoulement d'air. Cette prise de vin s'accompagne, par la bouche ouverte, d'une première inspiration de vapeurs odorantes qui viennent participer aux impressions de l'attaque.

Bien que chacun ait dans ce domaine des habitudes particulières, il est conseillé de mettre dans la bouche un volume assez faible de vin, 6 à 10 millilitres. D'autres auteurs parlent de 20 millilitres, voire de 25, ce qui nous semble beaucoup.

À l'inverse, un volume trop faible ne mouille pas toute la surface du palais et, dilué par la salive, ne diffuse pas une quantité suffisante de saveurs. Plus important, pour que les comparaisons soient fiables, le volume prélevé doit être constant d'un vin à un autre. Le novice doit mesurer cette quantité en pesant le verre avant et après le prélèvement de la gorgée. Il pourra rectifier le volume et le régulariser si nécessaire.

La prise de vin effectuée, on referme les lèvres en maintenant le vin dans le vestibule de la bouche. Une partie de la dégustation se passe dans l'avant-bouche mais du vin pénètre aussi dans la bouche proprement dite et l'on fait très vite une première petite déglutition. Les mâchoires restent légèrement écartées mais mobiles, ce qui donne cette impression de mâcher le vin. Le vin est remué doucement et les surfaces de contact avec les muqueuses sont continuellement renouvelées. Ces mouvements accentuent la salivation. Une nouvelle déglutition intervient après quatre ou cinq secondes en même temps qu'apparaît l'après-goût. L'exaltation de l'arôme de bouche ou d'un défaut à caractère volatil s'obtient en pratiquant, à deux ou trois reprises, une légère aspiration d'air entre les lèvres resserrées, en creusant un peu les joues, aussi discrètement que possible. L'air aspiré émulsionne le vin réchauffé et les vapeurs odorantes, ainsi entraînées par le barbotage gazeux, sont chassées dans l'arrière-nez.

Le dégustateur fait varier la durée pendant laquelle il garde le vin en bouche, suivant qu'il s'intéresse aux premières impressions de l'attaque, ou aux saveurs tanniques, ou à l'après-goût. On peut ainsi conserver le vin en bouche pendant deux à cinq secondes seulement ou prolonger la gustation pendant dix à quinze seconde. Au-delà on accentue la fatigue liée à l'alcool. Dans le premier cas, on ne ressentira pas la totalité des saveurs tanniques des vins rouges.

Généralement le dégustateur professionnel recrache le plus complètement possible la gorgée de vin : la dégustation n'en est pas meilleure, au contraire, mais il lui serait évidemment impossible de boire sans dommage quelques gorgées des dix ou trente vins qu'il déguste souvent en une seule séance. L'amateur, s'il goûte un nombre restreint d'échantillons, n'a pas, bien entendu, les mêmes obligations de prudence. Recracher le vin demande un peu d'entraînement pour éviter les éclaboussures inesthétiques. On comprend que l'on soit discret sur l'art de cracher et pourtant il révèle (un peu) le professionnel. Il y a une façon presque propre de le faire, du bout des lèvres, en sachant régler la force d'un jet sans bavure suivant la distance du crachoir.

Avant de goûter un autre vin, et sauf dans le cas d'exercices rapides où l'on ne recherche qu'une impression globale, il faut attendre un peu pour apprécier la persistance et laisser disparaître toute sensation. Il est inutile, voire dommageable, de goûter un grand nombre de fois, et successivement, les mêmes échantillons car les appréciations répétées peuvent perdre toute finesse. Les premières impressions attentives sont les meilleures. Il faut en tout cas, après la deuxième tentative, avoir une opinion précise. Des attentes trop longues entre les vins déconcentrent, mais chacun doit respecter son rythme, et celui des autres dans le cas de dégustation de groupe.

Il n'est pas recommandé de se rincer la bouche avec de l'eau entre deux vins car la bouche doit rester avinée. Après un lavage buccal, les comparaisons avec les impressions précédentes sont rendues plus difficiles car la sensibilité est modifiée. Ce n'est que dans le cas d'une fatigue du palais que le dégustateur se rincera la bouche, avalera quelques gorgées d'eau et observera un temps de repos avant de continuer à goûter. On peut aussi sans inconvénient manger à ce moment-là un petit morceau de pain ou un biscuit ni sucré ni épicé. Dans une dégustation professionnelle, il faut s'interdire certains aliments, comme le fromage ou les noix, qui diminuent ou effacent les saveurs tanniques, ou les pruneaux et les douceurs, qui les exacerbent. En revanche, l'amateur a tout intérêt à déguster en mangeant : ce n'est plus du savoir-déguster mais du savoir-boire.

CHAPITRE 6

Interprétation des dégustations

[...] il n'est pas moins difficile de poser un problème que de le résoudre...
Max Planck, 1941.

TOUTE DÉGUSTATION EST UN « PROBLÈME » À RÉSOUDRE, et à problème mal posé, réponse fausse. Selon les cas, l'objectif est de décrire, de différencier ou de classer. L'exercice peut porter sur un caractère ou sur plusieurs, ou sur l'ensemble des caractéristiques d'un vin. La dégustation peut se faire sans vin de référence, ou bien avec un ou des vins de référence, physiquement présent(s) ou seulement mémorisé(s). Selon les cas, on recueille un seul avis — celui d'un « expert » — ou de multiples avis donnés par un jury formel ou informel. Cette extrême diversité de situations peut inquiéter mais, pour chacune d'entre elles, il existe une solution appropriée. Professionnels ou amateurs peuvent s'inspirer des mêmes principes et appliquer les mêmes méthodes, les plus simples possibles.

LES DIFFÉRENTES DÉGUSTATIONS

LES INNOMBRABLES CAS DE DÉGUSTATION peuvent se répartir selon leur nature et leur méthode :

– la dégustation-plaisir : on goûte pour le plaisir sensoriel, intellectuel, culturel, convivial, en société. La fonction du vin est bien de procurer du plaisir à ceux qui le boivent. Nous en reparlerons ;

– la dégustation-travail : on goûte pour jauger, classer, acheter, vendre, bonifier ; c'est la tâche quotidienne des divers professionnels du vin, qui aboutit au vin-plaisir.

Toutes ces formes de dégustation comportent une phase analytique et descriptive. On définit l'aspect, les odeurs et les équilibres principaux, l'impression finale que produit le vin pour le situer dans sa mémoire. Chacun remplit une fiche, réelle ou uniquement mentale — le travail est le même —, pour décrire un profil sensoriel. L'analyse est plus ou moins détaillée, mais ses conclusions doivent être comprises de tous.

Dans la dégustation la plus simple à décrire — interprétation d'essais, comparaison de produits concurrents, « panels » de consommation, suivis de fabrication —, un vin est comparé à un ou plusieurs témoins, dégustés parallèlement ou présents en mémoire. Il suffit alors de déterminer s'il est ou n'est pas (perçu) différent d'un autre. Lorsque des vins témoins dégustés simultanément servent de point de repère, les résultats sont plus objectifs. Dans le cas contraire, la précision est subordonnée à la valeur du dégustateur, à sa forme du moment, à la quantité et à la qualité de ses références.

Fréquemment la dégustation se termine par le classement d'une série d'échantillons supposés comparables. On ne peut raisonnablement comparer des vins trop différents par leur structure, par le volume dont on dispose, par leur âge, voire par leur prix. Beaucoup de sports, outre le respect de règles simples et l'impartialité de l'arbitre, ont imposé des catégories de poids, d'âge, de palmarès, pour équilibrer les rencontres : le monde du vin gagnerait beaucoup à adopter et à généraliser des principes équivalents pour garantir l'équité dans les innombrables dégustations organisées chaque jour à travers le monde.

Les classements revêtent une forme particulière dans les concours, les agréages et les expertises. Dans le premier cas, une médaille est éventuellement attribuée à un vin, ce qui revient à le classer comme au moins égal à tel « standard » que le dégustateur a en mémoire. Lors de l'agréage d'un vin (AOC, VDQS, Vin de pays en France), la réponse positive ou négative constitue également un classement par rapport à une typicité (caractères marqués et orthodoxie du type d'un vin) et/ou une qualité clairement proposée comme référence ou, le plus souvent, uniquement présentes en mémoire. Cette procédure, aussi capitale pour la vie de chaque producteur individuel que pour la vie globale de l'Appellation concernée, peut sembler bien aléatoire. Pourtant quarante années de cette pratique, dans certaines régions, ont montré son très grand rôle éducatif et ont permis des améliorations constantes dans sa mise en œuvre même.

La dégustation « d'expertise » amiable ou contentieuse est relativement rare, mais lourde de conséquences. Il faut, souvent sur un seul échantillon sans véritable référence, dire si un vin est ou n'est pas conforme à la réglementation, aux usages, à un cahier des charges spécifique. L'analyse, la différenciation et le classement doivent être irréprochables. Dans le cas d'une information judiciaire, le complément d'information apporté à l'analyse chimique par une dégustation précise, pratiquée par des experts-dégustateurs, est de plus en plus souvent pris en considération et peut convaincre un tribunal. À elle seule, une dégustation bien conduite par des experts qualifiés a valeur de preuve.

La dégustation-devinette n'est pas un exercice de professionnel mais un amusement de bonne société. Une question est souvent posée au dégustateur : peut-on réellement reconnaître l'origine d'un vin, son millésime ou son cru ? C'est fort difficile puisqu'on ne peut reconnaître que ce que l'on connaît, ce que l'on a goûté au moins une fois — et encore faut-il que les conditions des deux dégustations ne soient pas trop éloignées. Certains brillants sommeliers, sur des gammes plus ou moins larges de vins différents, sont capables de cette performance. Pour les autres, c'est de la déduction, ou plus souvent de la divination, ou du trucage, pas de la dégustation ! Identifier un vin procède sensiblement de la même démarche qu'identifier une personne. C'est le reconnaître et le nommer ; pour un vin, faut-il du moins en avoir une reconnaissance partielle, c'est-à-dire pouvoir définir ses qualités et son type, sa classe, son âge, son origine géographique, indiquer éventuellement les cépages qui l'ont produit, situer sa place dans la hiérarchie. On ne peut identifier des vins que s'ils ont une typicité. Un vin sans personnalité ne laisse aucun point de repère dans la mémoire. S'il n'a pas un « air de famille », s'il n'a pas l'« accent de son cru », il a peu de chances d'être reconnu ou catalogué. On peut parfois identifier un cépage, une région, un millésime pour une zone déterminée. Seul l'ignorant peut affirmer « reconnaître » régulièrement ces caractéristiques ; son inexpérience ne résiste pas longtemps à une véritable dégustation à l'aveugle.

Édouard Kressmann nous le rappelle : « Chacun sait que les meilleurs tabacs, les meilleurs thés ou cafés et bien d'autres produits de la terre sont des assemblages d'éléments de caractères divers, ou même d'origine différente, harmo-

nieusement combinés pour la plus grande satisfaction de l'homme. » Cette énumération aurait tout aussi bien pu comporter les grands alcools. Mais qu'en est-il du vin ? Après avoir mêlé les raisins dans la cuve de fermentation, le producteur associe différents lots de vins nouveaux, les vins de goutte et les vins de presse. C'est grâce à ces mélanges qu'un grand vin acquiert son équilibre et sa complexité. Même s'ils ont des qualités, les vins n'ont pas toujours la typicité recherchée. C'est pourquoi le négociant est amené à les mélanger pour réaliser des cuvées homogènes, de volume suffisant pour leur commercialisation. La solera espagnole, telle qu'on la produit à Jerez, est un cas exemplaire de mélange intégral, qui consiste à mêler plusieurs fois par an, selon un protocole très précis, des vins de tous les âges prélevés dans tous les fûts du stock. Cette technique permet d'obtenir un produit de qualité gustative parfaitement constante au fil des années. Il existe une solera « 1847 » qui contient un peu de vin de cette année-là. Une cuvée réussie est meilleure que chacun des éléments qui la constituent. Sa composition, établie par tâtonnements et après plusieurs essais, est le résultat d'un travail d'équipe, où les avis sont confrontés, même s'il n'existe qu'un seul décideur final.

LES DÉGUSTATEURS ET LES DÉGUSTOIRS

TOUS LES AVIS DE DÉGUSTATEURS SONT RESPECTABLES, mais ils ne sont pas équivalents ! Cette observation relativise le crédit qu'il faut accorder aux « classements personnels » proposés ici ou là. Il est important pour juger de ceux-ci de connaître la qualification de celui qui donne son diagnostic sur tel cru ou tel millésime. On peut imaginer de définir différents niveaux de compétence.

Ainsi, le *dégustateur expert* est celui qui, par ses fonctions, ses connaissances et sa compétence maintes fois démontrées, a acquis une réputation dans sa région ou au-delà. Il déguste presque chaque jour. Il a un vocabulaire précis. Il exerce des responsabilités réelles et peut arbitrer des cas difficiles. Il n'est pas économiquement dépendant de l'enthousiasme ou de la sévérité de ses jugements.

Le *dégustateur qualifié* exerce dans l'un des nombreux métiers du vin et a reçu une formation spéciale de dégustateur. Il fait partie des jurys de contrôle de la qualité et des équipes privées travaillant dans le cadre de la production ou des maisons de commerce.

Le *dégustateur occasionnel*, pour sa part, appartient au milieu vinicole, mais a peu d'occasions de déguster et manque de formation. Il peut avoir un sens juste du goût, sait reconnaître ce qui est bon de ce qui ne l'est pas et caractériser certains défauts mais il est peu sensible aux nuances. Son vocabulaire est restreint. Il goûte selon son goût personnel plus qu'en fonction de critères universels : habitué à son vin, il le préfère à tout autre.

Il est aussi important de se rappeler que l'on se trouve toujours, consciemment ou non, soit en position de vendeur, pour trouver et promouvoir les qualités, soit d'acheteur, pour chercher et décrire les défauts. La seconde attitude est plus facile et beaucoup trop fréquente, même en l'absence de toute transaction commerciale.

Les connaissances d'un dégustateur doivent être adaptées au problème posé. On peut être expert dans les premiers grands crus classés du Médoc (ils ne sont que quatre) et avoir quelques difficultés à trier les cinq cents barriques d'un chai de sauternes ou à préparer une cuvée de beaujolais primeur. Ce métier impose la modestie. La faconde peut, un temps, masquer les limites professionnelles mais n'en supprime pas les fâcheuses conséquences. Chacun d'entre nous peut devenir un « bon » dégustateur moyennant un apprentissage et de l'entraînement, mais personne n'est naturellement « omnigoûtant ». Même composé de cinquante personnes, un jury hétéroclite ne révélera rien que l'on ne sache déjà. Les consommateurs, selon leurs aptitudes gustatives, ne peuvent pas tous prétendre donner un jugement averti lors d'une dégustation.

Tout travail d'équipe obéit à des règles précises. Dans la dégustation à l'aveugle — la plus objective — le dégustateur ignore « tout » du vin qu'on lui présente ; il a ainsi pour seul objectif de se concentrer sur lui. Cet exercice est vivement conseillé, à tous et à tout âge, car il interdit les jugements intellectuels ou culturels, qui peuvent être complètement étrangers aux caractéristiques réelles du vin. C'est ainsi que l'on vit un jour, à la télévision, un dégustateur célèbre et de qualité, emporté par l'ambiance du plateau, déclarer, avant qu'on lui eût servi, qu'un vin avait un arôme « poivron vert » puisque c'était un chinon. Nécessairement issu de cabernet franc, ce vin présente en effet très souvent ce caractère, mais pas toujours. Tout dégustateur amateur ou professionnel doit, avec humilité, s'astreindre à des dégustations à l'aveugle, avec des questions clairement posées et un nombre modéré de « pièges ».

Les conditions de dégustation pèsent lourd sur toute conclusion. Comme il est de règle de faire silence dans une salle de concert ou d'éclairer spécifiquement les galeries du Louvre, il faut aussi une ambiance appropriée pour juger les caractéristiques d'un vin et jouir de ses charmes. Chaque dégustateur doit travailler seul, sans communiquer avec ses collègues ni observer leurs réactions. L'isolement est mieux garanti par les installations des dégustoirs modernes. Comme un joueur de carte, on ne révèle son jeu qu'une fois la partie jouée. Une discussion, après que chacun a donné son avis, a toujours de l'intérêt mais il est plus honnête de ne retenir que les conclusions des premières impressions. Ces remarques générales sont valables aussi bien dans les austères laboratoires d'analyses sensorielles que dans les festives salles à manger des meilleurs restaurants. Pourtant, les objectifs et les conditions optimales y sont très différents. Combien de vins délicieux mais légers, appréciés sous les voûtes humides du chai d'un « petit vigneron », s'effondrent lors d'un somptueux repas de fête ? Combien d'austères jugements « à la barrique » devront être revus avec enthousiasme quelques années plus tard ?

La réussite de la dégustation de classement tient à des détails matériels et à un ordre rigoureux. Les bouteilles sont disposées en ligne sur la table, avec la même présentation, puis un verre est placé devant chacune d'elles. On peut ainsi comparer une quinzaine d'échantillons par série. Pour établir le classement général, les meilleurs de chaque série sont sélectionnés puis confrontés en finale de tournoi. Une méthode très simple de disposition des verres sur trois lignes rend le classement visuel et facilite les comparaisons : les verres des bons vins sont avancés, ceux des moins bons sont repoussés ; les vins moyens restent sur la ligne centrale.

Dans tous les cas, pour chaque vin, on recueille autant d'avis qu'il y a de dégustateurs. Comment trancher ? Faut-il s'en remettre à un expert unique ou aux avis multiples avec décision majoritaire ? La première procédure est la plus simple et la plus fréquente ; elle prévaut, par exemple, lors des choix du maître de chai, dans beaucoup de revues et livres vineux. La seconde est plus lourde à gérer, démocratique mais parfois trop neutre, trop consensuelle.

COLLECTE ET INTERPRÉTATION DES RÉSULTATS

UNE DÉGUSTATION DE QUALITÉ — agréable de surcroît —, repose sur quelques réponses simples à des questions qui ne le sont pas moins.

Quel est *l'objet de la dégustation* ? Recherche-t-on quel est l'agrément du vin, quelles sont ses possibilités d'évolution et ses aptitudes à participer à tel ou tel assemblage ? Recherche-t-on son origine ou son histoire, les soins qu'il convient de lui apporter, ou encore la position qu'il occupe par rapport à un vin de référence (agréages, concours) ?

Quelle est *la qualification des jurés* ? Sont-ils formés, entraînés, informés ? A-t-on évité la spécialisation excessive ou la polyvalence trop vaste ? Quelle est la motivation des jurés ? Le critique gastronomique et le jeune diplômé d'œnologie n'ont ni les mêmes références ni les mêmes objectifs.

Les *conditions de « travail »* sont-elles favorables ? Les objectifs de la dégustation sont-ils bien clairs, l'ambiance de travail adaptée, l'anonymat complet (ou non), les vins en nombre raisonnable, dans un ordre adapté au problème ?

Dispose-t-on *d'échantillons vraiment représentatifs* des vins à juger ? Cette question est très fréquemment négligée, ou faussée.

Quel est *le mode d'expression* des sensations utilisé par chacun ? Une note sur 5, sur 10, sur 20 ? Un classement d'intensité sur un ou plusieurs critères ? lequel ou lesquels ? Une notation de qualité particulière, globale ? Une comparaison avec des échantillons de référence ou inconnus ?

Quelle est la *technique d'interprétation* prévue ? Qui rassemble les résultats, quand communique-t-il les conclusions ?

Il faut exiger, de soi-même et des autres, des opinions et des commentaires écrits. Pour chaque vin, le goûteur note ses impressions sur le vif. Les explications orales ne suffisent pas, sauf peut-être pour un travail superficiel de triage ou un contrôle répété de vins bien connus, peu différents. On peut décrire la couleur, l'arôme, les équilibres gustatifs en style télégraphique et conclure par un ou deux mots bien choisis. Si le vin en vaut la peine, on approfondit l'analyse par des phrases plus explicatives. Décrire, c'est déjà interpréter et une conclusion juste découle d'une description précise.

Les résultats peuvent être facilités grâce à la *fiche de dégustation*, un outil de collecte des résultats individuels adapté et simple, même si les centaines de modèles disponibles montrent qu'il n'en existe pas de parfaite. Elles sont en effet de différents types. Selon les cas, on y privilégie l'attribution de notes, l'identification de caractères prédéterminés, le commentaire libre ou la comparaison. Il est facile d'en créer de nouveaux modèles, adaptés à un usage particulier. Des fiches conçues pour la lecture optique sur scanneurs peuvent être facilement adaptées, à partir d'une trame fixe (fiche ULISI conçue par Ph. Abal-INRA, par exemple). À l'usage, il semble que la simplicité soit trop rarement privilégiée.

Une bonne fiche doit aider le dégustateur à exprimer les résultats de ses observations et non focaliser son attention. Elle doit être facile à lire, à stocker, à interpréter. Dans le cas de jurys appelés à travailler souvent ensemble, il est conseillé de conserver les mêmes fiches d'une dégustation à l'autre. L'expérience montre, la plupart du temps, qu'il faut prévoir une zone pour des commentaires libres et pour une note globale. Bien adaptée, elle constitue un outil de perfectionnement à la dégustation en rappelant les observations importantes à faire. Certaines, trop simplifiées, ne permettent pas de décrire et d'analyser suffisamment les caractères des vins. D'autres, comportant plusieurs feuillets, sont trop compliquées : on passe plus de temps à les remplir qu'à déguster. Parfois, certains termes en sont déroutants ou ambigus. Il n'est pas étonnant que l'on puisse hésiter sur la note à donner à « la mobilité des sensations gustatives » ou à « la liaison entre les sensations » ! La dégustation sensorielle devient un pur exercice intellectuel.

Il n'est pas facile de chiffrer l'agrément d'un arôme ou un défaut de structure, c'est-à-dire de « quantifier la qualité ». Aussi les échelles de notation sont-elles inévitables. On distingue les *échelles cardinales*, qui sont des valeurs mathématiques représentées par des notations de 0 à 5, de 0 à 10 ou de 0 à 20, et les *échelles ordinales*, dont les divisions correspondent à des situations de supériorité ou d'infériorité. En comparaison, l'on pourrait dire que la note d'un candidat à un examen relève d'une échelle cardinale, tandis que sa place dans un concours relève d'une échelle ordinale. Habituellement les échelles ordinales comportent un nombre impair d'échelons : 3, 5, 7, 9, par symétrie autour du chiffre médian, qui est respectivement 2, 3, 4, 5. Voici quelques exemples d'échelles ordinales d'intensité et de qualité inspirées des travaux de Vedel et de ses collaborateurs. L'échelle des qualités exprime le degré de satisfaction ; on parle d'échelle *hédonique*, c'est-à-dire qui se rapporte au plaisir ou au déplaisir que procure la dégustation d'un vin. Les adjectifs *faible* ou *fort* sont alors remplacés par *bon* ou *mauvais* ou, selon les indications de Max Rives, par les locutions : *me plaît* ou *me déplaît beaucoup*, *me plaît* ou *me déplaît un peu*. L'échelle à cinq termes est la plus utilisée. Il existe des dispositifs électroniques de collecte automatique de ces résultats chiffrés.

				1 très faible	très mauvais
		1 très faible	très mauvais	2 faible	mauvais
1 faible	mauvais	2 assez faible	assez mauvais	3 assez faible	assez mauvais
2 moyen	moyen	3 moyen	moyen	4 moyen	moyen
3 fort	bon	4 assez fort	assez bon	5 assez fort	assez bon
		5 très fort	très bon	6 fort	bon

Des dégustateurs qualifiés fournissent des commentaires utiles mais d'interprétation très difficile, à cause des synonymies, des approximations et des « cultures vineuses » (heureusement) différentes. Malgré quelques tentatives méritoires d'analyses « objectives » des textes par l'informatique, les interprétations relèvent toujours de choix humains. Un « chef juré », ayant goûté les vins à l'étude, collationne, trie, regroupe, synthétise les mots et les phrases de tous les jurés. Outre de la compétence, son travail demande une extrême honnêteté intellectuelle, le risque étant pour lui de resituer tous les commentaires en fonction de ses sensations personnelles. C'est un travail lourd, non codifiable et imparfaitement reproductible. La synthèse par un « expert » extérieur est trop purement abstraite. La définition d'un « profil sensoriel » est une application de cette méthode de collationnement et de synthèse des notations recueillies : on dénombre les commentaires identiques ou très « raisonnablement proches » et on les retranscrit ensuite sur un schéma adapté, dit « en radar », très imagé, qui se prête bien à la présentation publique (voir page suivante).

Exemple de profils aromatiques

	Hors d'âge	Blanc jeune
Floral	0	3
Fruité	0	2
Fruits secs	0	2
Sucre brûlé	0	0
Miel	0	2
Rancio	4	0
Café	3	0
Cacao	1	0
Pruneau	4	0
Fruits cuits	2	1
Fruits rouges	2	1

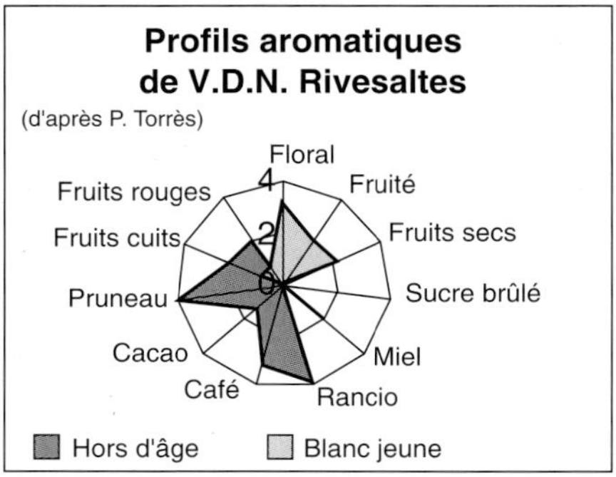

	Barrique	Cuve
Miel	7	8
Vanille	9	5
Pain grillé	9	2
Beurre	2	3
Boisé	7	2
Floral	1	5
Noisette	2	0

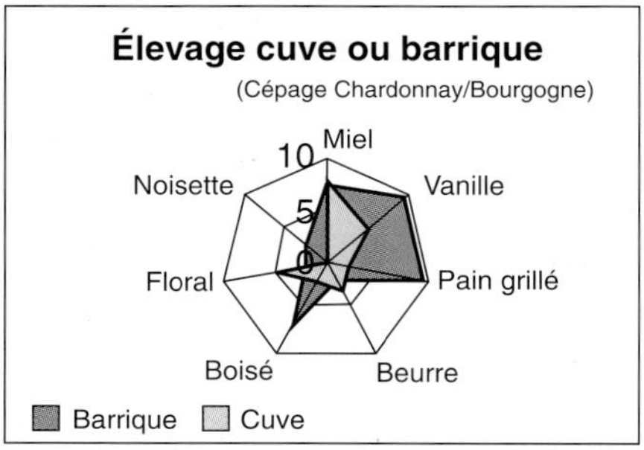

	Beaujol. Primeur	Bordeaux vieux
Végétal	2	1
Floral	6	2
Fruité	8	4
Fermentaire	6	2
Chimique	3	2
Épicé	2	5
Empyreumatique	1	5
Boisé	0	8
Balsamique	1	7
Animal	1	6

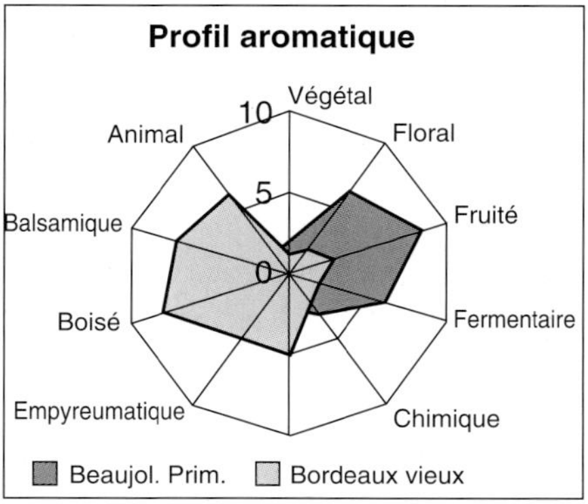

	Équilibré	Corsé
Couleur	6	2
Bouquet	7	3
Équilibré	7	2
Franchise	9	3
Finesse	8	2
Corps	6	8
Personnalité	7	8
Acidité	5	7
Dureté	6	8
Évolution	4	2

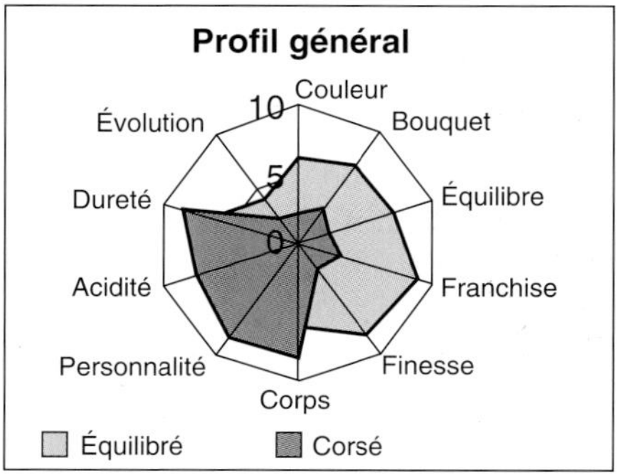

La principale difficulté de l'interprétation des notes résulte d'un fait bien simple : si l'on peut affirmer qu'une table de deux mètres est vraiment deux fois plus grande qu'une table d'un mètre, on ne peut pas dire qu'un vin noté 16/20 est deux fois meilleur qu'un vin noté 8/20 !

Pour affiner la notation globale attribuée directement aux impressions d'ensemble, on propose de noter séparément plusieurs caractères, comme l'apparence, l'odeur, le goût, la persistance, la qualité générale, et leurs divisions. La difficulté apparaît au moment de l'examen de ces nombreux chiffres : la valeur du vin est-elle une simple somme de valeurs individuelles ou certaines sont-elles plus importantes, voire décisives ? À l'évidence l'addition des notes n'est pas un bon système d'appréciation de la qualité. Une seule faiblesse peut être rédhibitoire et, parfois, une seule qualité exceptionnelle suffit à un grand vin. La pondération des notes paraît corriger cet inconvénient mais, en réalité, elle n'est très efficace que pour éliminer les vins à défaut. Bien qu'adoptée, sur le plan mondial, par les Concours de vins patronnés par l'Office international de la vigne et du vin, cette méthode a du mal à détecter les vins d'exception en favorisant trop les vins « gustativement corrects ». On doit — ou l'on devrait — pouvoir accorder une très bonne note à un vin ayant une (seule) caractéristique merveilleuse, même s'il présente quelques imperfections, comme le « goleador » enthousiasmant tout un stade sur un seul but, en quelques secondes !

Dans notre esprit, la fiche de dégustation doit avoir seulement un usage descriptif. Chaque particularité peut faire l'objet d'une note, pour aider à l'expression, mais la note d'ensemble doit être fixée indépendamment des notes partielles. Un système de notation n'est valable que pour une catégorie de vins. En effet, la comparaison et la notation de vins très différents est impossible et, d'ailleurs, sans objet. La note 10/20 dans une série de vins de table ou de Grands Crus Classés ne correspond nullement à la même qualité.

Certains dégustateurs notent « haut » ou « bas », « groupés » ou « dispersés ». Une harmonisation est souhaitable. On y arrive grâce à la concertation mais il est préférable de demander au dégustateur de déterminer la mention avant la note. On peut convenir, par exemple, que la note 10 correspond à la *perfection* (il y a des vins qui la méritent), 8 à *très bien*, 6 à *assez bien*, 5 à la moyenne ou *passable*, 3 à *médiocre* et 1 à *très mauvais* ; on donnera 0 au cas extrême du vin imbuvable. Renouvelons le conseil : pour noter globalement un vin, il ne faut pas penser directement à une valeur numérique, mais lui accorder d'abord une mention ; la note, dans l'échelle choisie, en découlera automatiquement.

La représentation d'un vin par un profil chiffré nous paraît une démarche intéressante. Le système utilisé depuis longtemps par l'équipe des dégustateurs des établissements Nicolas s'applique à tous les genres de vins. Les caractères d'un vin sont représentés par une série de dix chiffres, se lisant les uns après les autres et ne formant pas un nombre. Ils représentent dans l'ordre : la couleur, le bouquet, l'équilibre, la franchise, la finesse, notés de 1 à 10. Les cinq chiffres suivants correspondent au corps, à la personnalité, à l'acidité, à la dureté et à l'état d'évolution. Ces caractères sont également notés de 1 à 10 mais, notion très importante et innovante, l'optimum de qualité est représenté par 5 ou 6. De 1 à 5, on exprime la faiblesse ; de 6 à 10, on exprime l'excès. Voici un exemple de profil gustatif pour un bon vin rouge jeune : 6 7 7 9 8 6 7 5 6 4. Ce vin a une bonne couleur (6) ; il est bouqueté (7), bien équilibré (7), très net (9) et très fin (8), moyennement corsé (6) ; il a du caractère (7), une bonne acidité (5) et juste ce qu'il faut de fermeté (6) ; son évolution, bien avancée (4), n'a pas atteint l'optimum et l'on peut attendre pour le boire. Ce système facilite la communication entre membres d'une équipe de travail. Il est facilement adapté par tous ceux qui sont amenés à goûter beaucoup de vins.

Pour clarifier, un peu, cette jungle sympathique des fiches de dégustation, on peut les regrouper selon le schéma général recouvrant la plupart des situations et permettant à chacun de trouver la meilleure solution.

Fiches « qualitatives »

– la feuille blanche, la plus simple mais la plus difficile pour l'amateur et se prêtant mal aux comparaisons et aux classements (*tableau 1*) ;

– la fiche segmentée propose quelques caractères à étudier et à décrire de façon plus ou moins directive (*tableaux 2 et 3*) ;

– la détermination d'un profil aromatique et gustatif à partir d'un vocabulaire libre, proposé ou imposé (*tableau 4*). On obtient de très bons résultats par une méthode en deux temps. On collecte d'abord une longue liste de plusieurs dizaines de descripteurs auprès d'un vaste jury s'exprimant librement sur de nombreux vins d'une famille à étudier (ex. : chardonnay de Côte d'Or, vins de Margaux...). On sélectionne ensuite un nombre raisonnable (5 à 15, par exemple) de termes significatifs, avec ou sans tri par méthodes statistiques. On termine enfin par la dégustation des vins à étudier. Le procédé est efficace mais très lourd ;

– l'examen de thèmes précis par des fiches spécialisées (ex. : tel cépage sur graves ou calcaire ; élevage sous chêne français ou américain...) se fait par des documents spécifiques ciblés sur des paramètres intéressants (typicité, rondeur...) en négligeant les autres, considérés comme peu significatifs.

Fiches « quantitatives »

Les caractères étudiés sont affectés d'une note (sur 5, sur 20) ou d'une catégorie d'intensité (fort, moyen, faible) ou de qualité (mauvais, moyen, bon). Ces notes sont, ou non, additionnées avec ou sans coefficient de pondération (*tableaux 5, 6, 7 et 8*). Toutes les combinaisons sont possibles pour obtenir la meilleure décision pour telle médaille, tel agrément, tel positionnement avec note globale.

Fiches « mixtes »

Le plus souvent, on réunit commentaires et notes, fractionnés ou globaux (*tableau 9*). D'expérience, il est difficile

Exemples de fiches de dégustation descriptives

THÈME DE LA DÉGUSTATION

Dégustateur .... Date ....

Identification échantillon	COMMENTAIRES	Note sur 20

Dégustateur .... Date ....

Identification échantillon	ASPECT	ODEUR	GOÛT	Note sur 20

Dégustateur .... Date ....

Identification échantillon	ASPECT limpidité, couleur	ODEUR intensité, finesse, dominantes	GOÛT attaque, équilibre, dominantes	Note sur 20

Tableaux 1, 2 et 3

FICHE DE DÉGUSTATION (Faculté d'œnologie de Bordeaux)

Date :

Dégustateur : **Série :** **N° du vin :**

Examen	**Caractères**	**1 nul ou très faible**	**2 faible**	**3 moyen**	**4 fort**	**5 très fort ou max.**
VISUEL	1 - Intensité colorante 2 - Nuance					
OLFACTIF AU REPOS	3 - Intensité globale (olfaction franche) 4 - Intensité globale (défaut) 5 - Qualité globale des arômes					
OLFACTIF APRÈS AGITATION (par voie directe)	6 - Intensité globale (olfaction franche) 7 - Intensité globale (défaut) 8 - Qualité globale des arômes 9 - Note fruitée 10 - Note florale 11 - Note épicée 12 - Note végétale 13 - Note phénolique					
OLFACTIF APRÈS AGITATION (par voie rétro-nasale)	14 - Persistance aromatique 15 - Qualité globale des arômes					
OLFACTIF GLOBAL	16 - Qualité olfactive dominante *(ex. : marc, cassis, poivre, pruneau, noyau, framboise, tabac, violette, poivron vert, etc.)*					
GUSTATIF	17 - Acidité en bouche 18 - Astringence en bouche 19 - Alcool - Chaleur en bouche 20 - Équilibre entre les 3 dominantes 21 - Velouté ou moelleux 22 - Amertume 23 - Structure - Harmonie					
JUGEMENT D'ENSEMBLE	24 - Typicité (du cépage ou autre) 25 - Qualité d'ensemble					

OBSERVATIONS ÉVENTUELLES :

Tableau 4

FÉDÉRATION DES CENTRES D'ÉTUDES
ET D'INFORMATIONS ŒNOLOGIQUES

(ne rien inscrire ci-dessus)

FICHE DE DÉGUSTATION

Échantillon

Dégustateur

		Insuffisant	Passable	Moyen	Bien	Très bien	OBSERVATIONS
Cercler les valeurs correspondant à la qualité des sensations perçues							
COULEUR		1	2	3	4	5	
AROME	INTENSITÉ	1	2	3	4	5	
	FINESSE	1	2	3	4	5	
GOÛT	HARMONIE	1	2	3	4	5	
	AROME de BOUCHE	1	2	3	4	5	
	FINALE	1	2	3	4	5	
Valeur d'ensemble Note sur 20							

DIVERS :	sans objet	très faible	faible	moyen	fort	très fort	
ACIDITÉ	0	1	2	3	4	5	
ASTRINGENCE	0	1	2	3	4	5	
CORPS, PUISSANCE	0	1	2	3	4	5	
SO_2	0	1	2	3	4	5	
OXYDATION	0	1	2	3	4	5	
....	0	1	2	3	4	5	

Tableau 5

INAO

FICHE DÉGUSTATION AGRÉABLE

☐ ROUGE
☐ ROSÉ
☐ CLAIRET
☐ BLANC

A. C. ....

DATE .... Code dégustateur ☐☐☐

N° de l'Échantillon ☐☐☐☐☐☐☐

Accepté	☐
Très bien	☐
Bien	☐
Assez bien	☐
Passable	☐
Non agréé	☐
Acide	1 ☐
Astringent	2 ☐
Acescent	3 ☐
Amer	4 ☐
Herbacé	5 ☐
Réduit (H_2S)	6 ☐
Oxydé	7 ☐
Odeur/Goût étranger (à préciser)	8 ☐
En fermentation (alcoolique-malolactique)	9 ☐
Autres défauts (à préciser)	
....	10 ☐
....	11 ☐

	1	2	3	4	5
Intensité de la couleur	☐	☐	☐	☐	☐

<u>OBSERVATIONS</u> :

Tableau 6

CONCOURS GÉNÉRAL AGRICOLE

ANALYSE SENSORIELLE DES VINS

(BARÈME DE NOTATION)

EXAMEN VISUEL

20

		Excellent	Très bon	Bon	Passable	Insuffisant	Médiocre	Mauvais
Fluidité		5	4	3	2	1,5	1	0
Limpidité		5	4	3	2	1,5	1	0
Couleur	Nuance	5	4	3	2	1,5	1	0
Couleur	Intensité	5	4	3	2	1,5	1	0

EXAMEN OLFACTIF

32

	Excellent	Très bon	Bon	Passable	Insuffisant	Médiocre	Mauvais
Franchise	8	7	6	5	4	2	0
Intensité	8	7	6	5	4	2	0
Finesse	8	7	6	5	4	2	0
Harmonie	8	7	6	5	4	2	0

EXAMEN GUSTATIF
RÉTRONASAL (FLAVEUR)

48

	Excellent	Très bon	Bon	Passable	Insuffisant	Médiocre	Mauvais
Franchise	8	7	6	5	4	2	0
Intensité	8	7	6	5	4	2	0
Corps	8	7	6	5	4	2	0
Harmonie	8	7	6	5	4	2	0
Persistance aromatique	8	7	6	5	4	2	0
Harmonie	8	7	6	5	4	2	0

Tableau 7

Tableau 8

Bacchus '98

III CONCURSO INTERNACIONAL DE VINOS
MADRID • 11 AL 15 DE DICIEMBRE 1998

U.E.C. UNION ESPAÑOLA DE CATADORES

U.E.C.

MINISTERIO DE AGRICULTURA, PESCA Y ALIMENTACION

FICHA DE CATA : VINOS TRANQUILOS
FICHE DE DÉGUSTATION : VINS TRANQUILLES

N° DE MUESTRA / *N° D'ORDRE DE L'ÉCHANTILLON* [ ]

FECHA / *DATE* [/ /]

N° DE LA CATEGORIA / *N° DE LA CATÉGORIE* [ ]

		Excelente *Excellent*	Bueno *Très bon*	Correcto *Bon*	Insuficiente *Insuffisant*	Eliminado *À Éliminer*	Observaciones *Observations*
Vista *Œil*	Aspecto *Aspect*						
Nariz *Nez*	Intensidad *Intensité*						
	Calidad *Qualité*						
Boca *Bouche*	Insentisad *Intensité*						
	Calidad *Qualité*						
Armonia *Harmonie*							

Firma del presidente / *Signature du président*

N° de jurado / *N° du jury* [ ]

N° de catador / *N° du dégustateur* [ ]

INSTITUT TECHNIQUE DE LA VIGNE ET DU VIN
BORDEAUX

FICHE DE DÉGUSTATION

DATE :

NOM : VIN :

VUE	Aspect .... Couleur .... Observations	
ODORAT	Qualité .... Intensité .... Observations	
GOÛT	Attaque .... Évolution .... Fin de bouche .... Charpente .... Arôme gustatif .... Observations	
JUGEMENT	Conclusions	note s/20

Tableau 9

ou dangereux de ne pas favoriser ces deux formes d'expression. Peu de dégustateurs entraînés aiment décider sans expliquer ou expliquer sans décider. Les dégustateurs en perfectionnement gagnent à pouvoir s'exprimer sur les deux registres.

Y a-t-il, ou non, mise en commun et discussion des résultats après la dégustation ? Cet échange de vues, trop souvent simultané à la dégustation, est essentiel pour souligner les résultats utiles, mais aussi pour entraîner et motiver les jurés. Plutôt que la recherche fallacieuse d'un « consensus » sur des conclusions communes minimales, il est préférable de dégager les « familles de pensée » sur tel ou tel vin. On n'insistera jamais assez sur le fait que la note moyenne de 10/20 qui résulte de (9 +11)/2 a une signification très différente de celle qui résulte de (5 +15)/2. Le premier résultat peut aussi bien signifier un accord parfait entre les jurés que leur incapacité totale à démarquer leurs commentaires : le deuxième suggère des conclusions symétriques et opposées. Sans remettre en cause les méthodes traditionnelles, on peut s'interroger sur l'usage des moyennes. Doit-on compter les opinions ou les peser ? La démocratie nous apprend heureusement à les compter ; la dégustation doit-elle vraiment être soumise aux mêmes règles ? Les statistiques aident, elles ne doivent pas remplacer le bon sens.

Les (petits) groupes de dégustateurs, de même culture vineuse, habitués à travailler ensemble, à s'exprimer librement sans aucune contrainte hiérarchique ou de notoriété, constituent des dispositifs d'expertise très performants. Cette formule est à privilégier dans toutes les situations : elle réduit les risques d'arbitraire de « l'homme seul » et les risques de « décision moyenne » des groupes de circonstance, trop hétérogènes. La seule vraie contrainte vient de la nécessité que les dégustateurs soient très formés, entraînés, mais néanmoins humbles devant l'extrême diversité des caractères (objectifs) et des charmes (subjectifs et affectifs) des vins.

UN PEU DE STATISTIQUES

LES DÉGUSTATEURS PROFESSIONNELS disposent de nombreuses méthodes statistiques de traitement des résultats. Nous renvoyons les lecteurs aux ouvrages spécialisés, en n'évoquant ici que quelques idées générales et en proposant une méthode applicable entre amis curieux. Signalons que nous utilisons, avec réserve, le mot *test*, usuel en cette matière, car c'est un anglicisme. Épreuve, essai, examen, étude... sont tout aussi adaptés.

En aucun cas les statistiques ne résolvent bien le problème, essentiel, des *notes extrêmes* qui sont plus ou moins éliminées. Celles-ci peuvent provenir de dégustateurs incompétents mais aussi — pourquoi pas ? — de dégustateurs plus sensibles par tempérament et/ou formation. Ceci est particulièrement typique pour certains caractères aux seuils de sensibilité individuels très variables (odeur de styrène, amertume...). La représentation graphique des résultats, trop rare, peut susciter d'utiles réflexions et approfondissements (courbe de fréquences « large » ou « étroite », « en dos de

chameau ou de dromadaire »...). Dans tous les cas, il faut décider si les différences observées sont dues au hasard ou si elles sont « significatives », c'est-à-dire relevant de cause réelles, avec une probabilité de 95 ou 99 %, par exemple.

Le cas le plus simple est constitué par les dégustations comparatives : tel vin est-il, ou non, identique à tel(s) autre(s) ? On utilise les comparaisons « par paires » ou « triangulaires ».

Dans la comparaison par paires, on présente simultanément aux dégustateurs (au moins 8 à 10) deux échantillons différents par leur origine, leur traitement... Chaque dégustateur note, sur un questionnaire adapté(*tableau 10*), pour chaque paire, s'il perçoit ou non une différence — globale ou spécifique à un caractère déterminé — ; quelle est l'intensité perçue la plus élevée pour tel caractère ; s'il a ou non une préférence globale ou pour un caractère précisé. On confronte alors le nombre de réponses par échantillon à des tables de référence pour décider s'il y a ou non une « différence statistiquement significative ». Cette méthode se prête surtout à la comparaison de vins de même origine ayant subis des traitements simples (additif, collage...). Tout dégustateur ayant tendance à trouver une différence entre deux verres, il faut des jurys nombreux. Cette méthode se prête bien à la vérification de qualification des jurés. Il suffit de leur présenter, anonymement, des paires identiques (XX) ou différentes (XY), Y étant reconnu comme nettement différenciable par des experts.

Dans la comparaison par « test triangulaire », on présente simultanément aux dégustateurs (au moins 5 à 10) trois verres dont deux contiennent le même vin, si possible à partir d'une seule bouteille. Le dégustateur note l'échantillon qui lui paraît différent des deux autres et le (ou les) échantillon(s) préféré(s) sur une fiche de notation adaptée. Pour chaque groupe de trois vins, on compte le nombre de « bonnes réponses », c'est-à-dire d'identification correcte de l'échantillon effectivement différent : ce nombre doit être supérieur ou égal au seuil indiqué par les tables, pour la probabilité retenue.

Thème Dégustation :

Date : Dégustateur :

DÉGUSTATION : COMPARAISON PAR PAIRES										
Échantillon Références		Y a-t-il différence	Échantillon le plus intense		Échantillon préféré		Intensité (1 à 5)		
							Dif.	Int.	Préf.
N°	N°	A	B		C				
		oui-non	1	2	1	2			
		oui-non	1	2	1	2			
		oui-non	1	2	1	2			
		oui-non	1	2	1	2			

DÉGUSTATION : COMPARAISON DUO-TRIO						
Échantillon			Cocher échantillon différent de T	Cocher échantillon préféré	Intensité (1 à 5)	
N° série	Réf.	Rang			Dif.	Préf.
1		T				
		1				
		2				
2		T				
		1				
		2				

DÉGUSTATION : TEST TRIANGULAIRE						
Échantillon			Cocher échantillon différent	Cocher échantillon préféré	Intensité (1 à 5)	
N° série	Réf.	Rang			Dif.	Préf.
1		1				
		2				
		3				
2		1				
		2				
		3				

Tableau 10

L'absence de différenciation correcte dans ces essais comparatifs peut avoir deux significations opposées : soit les vins sont effectivement très proches, quasi identiques, soit les jurés sont trop peu sensibles (pour ce critère ?). Cette méthode très simple est très efficace pour comparer les vins, et les dégustateurs, car elle ne laisse aucune place à l'improvisation ou au dilettantisme.

Dans les dégustations avec notes, celles-ci sont habituellement interprétées par des « analyses de variance ». On détermine d'abord l'existence ou non d'une différence significative globale entre tous les vins (un vin, au moins, est différent des autres) puis on recherche l'éventuelle signification des différences dans chaque paire de vins. On peut aussi, dans le même temps, établir si le jury est ou n'est pas homogène, si chaque juré juge ou non de la même manière que l'ensemble, puis mettre en évidence les éventuels écarts entre chaque juré.

Dans les dégustations avec classements (méthodes non-paramétriques), beaucoup de jurys éprouvent des difficultés à noter (sur 10, sur 20) de façon homogène, alors que l'on observe souvent une bonne concordance entre classements dans une série d'échantillons : les vins « de tête » et « de queue » sont (à peu près) les mêmes pour tous les jurés. Ces classements doivent être limités à des séries assez courtes, de 3 à 6, par exemple. Pour des séries plus longues, on peut les diviser en séries courtes, en conservant un vin-repère tout au long de la dégustation. Tous les vins à classer doivent être présentés simultanément, chacun dans son verre. Il est plus difficile mais plus précis de présenter les vins dans un ordre aléatoire, différent pour chaque juré. Ces classements peuvent être directement fournis par les jurés, ou déduits des notes ou des commentaires. Traditionnellement, on attribue la note 1 au meilleur : *les vins les mieux classés ont les sommes de places les plus faibles*.

Dans tous les cas, il faut calculer correctement la place des ex-æquo. La somme des places doit être la même qu'en l'absence d'ex-æquo. Par exemple, la série de notes 10-11-

11-14 donne les places suivantes *4-2,5-2,5-1* et non 4, 2,2,1. Les vins sont classés comme indiqué ci-dessus et l'on compare la somme des places obtenues par chaque vin à deux valeurs (mini-maxi) fournies par les tables de Kramer, ou les formules équivalentes, au seuil de probabilité retenue.

- La somme des places *Sx* du vin X est comprise entre les deux valeurs de la table : le vin X n'est pas significativement différent de l'ensemble.
- La somme *Sx* est inférieure à la valeur basse de la fourchette : le vin X est significativement meilleur que l'ensemble.
- La somme *Sx* est supérieure à la valeur haute de la fourchette : le vin X est significativement moins bon que l'ensemble.

Le tableau suivant illustre cette méthode sur la base de 4 vins et 8 dégustations.

Dégustateur	Vin 1	Vin 2	Vin 3	Vin 4	Somme places/ dégustateur
1	4	2	1	3	10
2	3,5	3,5	1,5	1,5	10
3	3	4	2	1	10
4	4	3	2	1	10
5	4	3	1	2	10
6	3,5	3,5	1	2	10
7	3	1,5	1,5	4	10
8	4	3	1	2	10
S.pl/Vin	29	23,5	10	17,5	80

Pour 4 vins et 8 dégustateurs, la table de Kramer (voir page suivante) donne les valeurs limites de 13 et 27 (seuil de confiance 95 %). Donc le vin n° 3 est significativement meilleur. (10 < 13) et le vin n° 1 est significativement inférieur (29 >27). Les vins n° 2 et 4 sont indiscernables.

Cette méthode est plus longue à exposer qu'à mettre en œuvre car elle se résume à quelques additions et comparaisons à des tables. Pour avoir une bonne sélectivité, il convient d'avoir des jurys suffisamment nombreux, au moins

8 à 10, sinon les valeurs limites sont très écartées et de faibles divergences entre jurés sont suffisantes pour supprimer toute différence significative. Elle peut facilement être mise en œuvre, en temps réel, par tous groupes d'amateurs intéressés par des résultats précis.

TABLE DE KRAMER

		Nombre de dégustateurs						
		4	5	6	7	**8**	9	10
Nb Vins								
3	mini	5	6	8	10	11	13	15
3	maxi	12	14	16	18	21	23	25
4	mini	5	7	9	11	**13**	15	17
4	maxi	15	18	21	24	**27**	30	33
5	mini	5	8	10	13	15	17	20
5	maxi	19	22	26	30	33	37	40
6	mini	6	8	11	14	17	20	22
6	maxi	22	27	31	35	39	44	48
7	mini	6	9	12	15	19	22	25
7	maxi	26	31	36	41	46	50	55
8	mini	6	10	13	17	20	24	27
8	maxi	30	35	41	46	52	57	63
9	mini	7	11	14	18	22	26	30
9	maxi	33	39	46	52	58	64	70
10	mini	7	11	16	20	24	28	32
10	maxi	37	44	51	57	64	71	78

CHAPITRE 7

Les équilibres des odeurs et des saveurs

[...] tout ce qui est divisé jusqu'à devenir poussière est confus.

Sénèque, Lettres à Lucilius/Montaigne

COMMENT DONC APPRÉCIER la multiplicité des substances sapides et odorantes du vin qui inquiète tant le néophyte ? Dans l'impossibilité de tout percevoir, pour acquérir quelque certitude, il faut s'appuyer sur des repères simples. Le vin est, comme notre organisme, constitué d'une charpente invisible (le squelette), rempli de nombreux composants interconnectés (les muscles) et enveloppé d'apparences (la peau). Cette image imparfaite nous sera un bon guide dans la découverte de tous les vins.

COMPOSITION ET CARACTÈRES GUSTATIFS

LA CHARPENTE D'UN VIN, son ossature, provient directement du raisin, qui fournit la vingtaine de constituants fixes et sapides, comme les acides, les tanins et le sucre qui sera transformé en alcool. Abondants (100 grammes d'alcool) ou

1994
PRODUIT DE FRANCE
ABYMES
APPELLATION VIN DE SAVOIE
MIS EN BOUTEILLE A LA

rares (quelques décigrammes d'acides par litre), ils provoquent les saveurs sucrées, acides et amères. Les fermentations élaborent des substances volatiles et odorantes à partir d'un peu de sucres et de certains composés inodores du raisin. Elles sont perçues à des teneurs extrêmement faibles, de quelques milligrammes à quelques milliardièmes de gramme par litre. Ce ne sont pas les analyses usuelles des composants les plus abondants qui permettent de différencier les vins ordinaires des vins moyens ou des grands vins. En effet, les goûts et les odeurs caractéristiques proviennent essentiellement des petites quantités de multiples molécules qui exaltent ou non les saveurs. Pour qu'un vin soit réussi, il doit se créer un équilibre entre les constituants sapides et les constituants odorants. La saveur et l'odeur doivent se renforcer mutuellement et non se concurrencer. On note, par exemple, que l'acidité insuffisante d'un vin blanc éteint la fraîcheur de l'arôme ou que la tannicité trop grande d'un vin rouge efface le fruité.

Jean Ribéreau-Gayon a très bien exprimé cette relation saveur-odeur : « On pourrait, en prenant une image, considérer qu'un bon vin doit avoir une certaine consistance ou texture qui, dès l'abord, le rend agréable et présente à l'odorat d'une manière favorable ses substances odorantes, un peu comme la consistance physique d'un fruit intervient profondément dans sa qualité, non seulement en elle-même, mais par la manière dont elle présente à la langue, au palais et au nez les constituants sapides et odorants de ce fruit. » L'harmonie gustative d'un plat et son harmonie aromatique de bouche ne font qu'une ; s'il y a trop ou pas assez de sel, la flaveur d'un plat disparaît.

À la fin du siècle dernier, on connaissait une dizaine de composants du vin. En 1956, Paul Jaulmes, fondateur de l'œnologie analytique moderne, estimait ce nombre à cent cinquante environ. Aujourd'hui, on sait qu'il existe des milliers de substances, dont plusieurs centaines sont bien identifiées ou même dosées. Une équipe australienne en a notamment identifié cent quatre-vingts pour les seules substances volatiles du chardonnay. Une synthèse de 1988 des composants volatils, donc pouvant être olfactivement actifs, relève huit cent soixante-quatorze hydrocarbures, alcools, composés carbonylés, acides, esters, lactones, bases, composés soufrés, phénols, furanes, oxydes et composés divers ! Dans l'état de nos connaissances, pour déterminer les qualités d'un vin, il est plus sûr et plus simple de le soumettre à la dégustation qu'à l'analyse, qui garde néanmoins son rôle technologique pour prévoir et guider la bonne évolution du vin. Outil de base du chercheur et du technicien, l'analyse n'est qu'un appoint pour le dégustateur mais celui qui connaît (un peu) la chimie analytique appliquée à l'œnologie est plus apte à expliquer, pour lui-même et pour les autres, les causes, les origines de telle ou telle sensation, à comprendre et à jouir des vins. L'analyse œnologique est au dégustateur ce que le solfège est au mélomane.

INTERFÉRENCES ET ÉQUILIBRES DES SAVEURS

« LE GOÛT DU VIN est pour une grande part le résultat d'un équilibre entre des goûts doux ou sucrés et des saveurs acides et amères. La qualité est toujours en rapport avec une certaine harmonie de ces goûts ; l'un ne doit pas dominer l'autre. Cela est vrai pour des vins blancs moelleux et liquoreux qui contiennent des sucres réducteurs, mais cela est encore vrai pour les vins blancs secs et pour les vins rouges qui ne contiennent pas de sucres. L'expérience montre qu'on doit placer l'alcool au premier rang des substances sucrées. »

Depuis une cinquantaine d'années, l'école bordelaise d'Œnologie, autour de Jean Ribéreau-Gayon et d'Émile Peynaud, a défini, développé et appliqué cette idée, probablement la seule véritable idée nouvelle en œnologie depuis Pasteur. Dans sa simplicité, elle fut le point de départ d'une conception différente de la constitution, de la qualité et de l'élaboration des vins. Depuis, elle a fait le tour du monde, de façon plus ou moins explicite, adaptée plus ou moins bien aux très réelles différences locales. On est passé des vins acides aux vins souples.

Le plus difficile à faire admettre fut la réalité du goût sucré de l'alcool, qui n'est pas exactement de même nature que le goût du sucre en cristaux ; sa douceur est moins pure, moins caractéristique. On emploie les adjectifs douceâtre, doucereux, qui expriment une certaine fadeur. Déjà à 4° (32 grammes par litre), une solution alcoolique dans l'eau a une saveur nettement douce, presque sans le goût d'alcool. À concentration plus forte, la légère brûlure de l'alcool sur les muqueuses modifie et altère quelque peu l'impression purement sucrée. Si l'on fait goûter trois solutions contenant 20 grammes de saccharose par litre, l'une sans alcool et les deux autres avec 4° et 10° d'alcool (80 grammes par litre), il est évident pour tout le monde que la saveur du sucre est considérablement augmentée en présence d'alcool ; elle paraît presque doublée dans le premier cas. En revanche, 20 grammes de sucre par litre n'atténuent pas la saveur chaude de dix pour cent d'alcool. La première impression du vin en bouche, le moelleux de l'attaque doivent être attribués à l'alcool.

Par ailleurs, on connaît les phénomènes d'interférence, de concurrence et de compensation entre les goûts amers et les goûts acides, les goûts sucrés et les goûts amers, ou encore les goûts sucrés et les goûts salés. Ils se masquent mutuellement sans s'annuler pour autant. On les retrouve côte à côte, simultanément, plus ou moins amoindris. Si l'on acidifie une solution sucrée, on diminue l'impression sucrée. Si l'on sucre une solution acide, on affaiblit l'impression acide tout en continuant à distinguer sucré et acide. On peut être attentif, tour à tour, à chacun de ces goûts, parce que les bourgeons gustatifs du sucré se trouvent sur la pointe de la langue alors que ceux de l'acidité se situent à l'arrière. Ces notions sont bien connues : on a l'habitude de mettre du sucre dans les fraises, la salade de fruits ou le jus de citron pressé, pour en atténuer l'acidité ; les vermouths sont très sucrés pour compenser l'amertume du quinquina et des autres principes amers ; on sucre souvent le café, le thé, le maté pour compenser les goûts amers de la caféine et surtout ceux des tanins. Pour revenir aux vins, notons que l'ensemble des champagnes « bruts » contient en fait jusqu'à 15 grammes de sucre par litre, pour adoucir la vivacité acide de ces vins

septentrionaux, alors que les « cavas » espagnols, moins acides, sont moins « dosés » en sucre. La notion d'équilibre entre les saveurs est différemment perçue d'un individu à un autre, suivant la sensibilité et les habitudes culturelles. Les pays germaniques, scandinaves, anglo-américains, les femmes et les citadins... ont une attirance pour les saveurs sucrées, largement entretenue par la consommation de diverses boissons industrielles plus ou moins internationales. Pour leur part, les consommateurs latino-américains et africains. ont souvent une préférence pour les saveurs très épicées.

La présence de sucre retarde le moment d'apparition des goûts amers et astringents. Lorsqu'on goûte une solution de tanin à 1 gramme par litre, la perception tannique est immédiate ; avec 20 grammes de sucre, elle est retardée de deux ou trois secondes et l'impression finale n'est pas diminuée ; avec 40 grammes, l'action du sucre couvre le tanin pendant cinq à six secondes et l'astringence est atténuée. Par contre, l'alcool, loin de corriger l'astringence, en accentue plutôt la sensation finale désagréable.

De petites quantités de sucre affaiblissent le goût du sel ; à l'inverse, un peu de sel renforce la saveur sucrée, observation bien connue et mise à profit en pâtisserie. Le goût salé du vin est loin d'être négligeable, même s'il n'est que très rarement perçu en lui-même, dans certains vins très peu acides, « salifiés » disent les chimistes.

On n'apprécie spontanément que le goût sucré ; les autres saveurs ne sont acceptées que si elles sont faibles ou nuancées par lui, même si elles sont indispensables pour donner du volume gustatif à un mélange, toujours préféré. La solution sucrée seule paraît fade et sans attrait. Nous aimons la complexité des saveurs où le goût sucré protège de l'acidité et de l'amertume excessives, où le sel relève la fadeur doucereuse du sucre.

Outre la compensation, il existe un phénomène de sommation (addition des effets) des saveurs. Ainsi, l'amertume et l'astringence s'additionnant renforcent l'acidité et la rendent excessive. Celle-ci couvre d'abord l'amertume, mais en ressort d'autant plus à l'arrière-goût ; l'astringence est toujours accentuée par l'acidité. Le goût salé, quant à lui, ne fait qu'accuser les excès d'acidité, d'amertume et d'astringence. Cette « additivité » se manifeste également au cours de dégustations réitérées de solutions acides et/ou amères, dans lesquelles ces deux saveurs apparaissent plus agressives.

Ces notions d'équilibre des saveurs, fondamentales pour expliquer le goût des vins (plus exactement pour définir la structure du *support*), s'appliquent de la même façon à nos aliments et à nos boissons. Elles peuvent se représenter schématiquement par les formules ci-après (le signe ↔ signifie équilibre).

Goût sucré ↔ goût acide

Goût sucré ↔ goût amer

Goût sucré ↔ goût acide + goût amer

Par simplification, on ne parle pas de l'incidence des substances du goût salé, car les vins en contiennent des quantités faibles et assez constantes. Cependant, à partir de la dose qui modifie la sapidité, le sel renforce la dureté, l'âpreté.

LES ÉQUILIBRES DES SAVEURS DES VINS BLANCS

LES VINS BLANCS, qui ne possèdent que peu ou pas de tanin ont, par rapport aux vins rouges, des équilibres de saveurs simplifiés. Leur *support* est conditionné exclusivement par des substances à saveurs sucrées et à saveurs acides. La formule « goût sucré ↔ goût acide » représente bien leur structure gustative de base. L'alcool seul dans les vins secs, l'alcool et les sucres dans les vins doux sont les éléments de la douceur qui compensent l'acidité. Le glycérol, malgré sa réputation, ne joue qu'un rôle très mineur. La dégustation des vins blancs paraît plus accessible au débutant, en raison de la simplicité de leur constitution. On peut donc conseiller de commencer l'apprentissage de la dégustation par les vins blancs, pour progresser du plus facile au plus difficile.

Sauf accident, les vins blancs secs ont généralement des formes simples, sans saveurs amères et astringentes importantes. Les rapports entre les arômes et le support sont plus faciles à saisir car l'impression aromatique finale n'est pas couverte par la persistance tannique. Certains vins rosés de faible macération, dont la constitution s'apparente à celle des vins blancs plus qu'à celle des vins rouges, donnent la même image gustative peu compliquée.

Pour les vins secs, l'équilibre de base peut s'écrire simplement :

« degré alcoolique ↔ acidité ».

L'alcool, qui constitue l'apport principal de saveur sucrée, équilibre l'acidité. Mais il est impossible de quantifier cet équilibre et d'indiquer des valeurs d'acidité correspondantes à des degrés alcooliques, leur rapport n'évoluant pas de manière linéaire et se trouvant influencé par de nombreux composants, comme par les goûts personnels. L'alcool n'agit pas comme un neutralisant chimique de l'acidité mais par l'influence de sa saveur complexe, forte et douce, chaleureuse, mais aussi légèrement caustique à forte concentration. De plus, à acidité titrable égale, la saveur acide varie en fonction de la fraction salifiée (c'est-à-dire du pH), et de la nature des acides. La sensation perçue dépend non seulement de l'acidité, mais aussi du pH du mélange vin-salive, dans la bouche. Ce phénomène peu étudié explique sans doute les grandes différences de perception selon les individus et les circonstances. La notion d'équilibre acide optimal des vins blancs de Bordeaux a connu de nombreuses évolutions depuis une quarantaine d'années. Dans les années cinquante, on trouvait des vins du cépage de Sémillon contenant 3,5 grammes d'acidité totale par litre qui paraissaient mous et sans fraîcheur, souvent décrits comme « sucrés » bien que dépourvus de sucres. En modulant diverses techniques culturales (redécouverte du sauvignon, vignes mieux fertilisées) et œnologiques (vendanges plus précoces, sulfitage bien géré, débourbage...), on est allé vers des vins contenant 5 à 5,5 grammes par litre au début des années soixante-dix. Depuis une dizaine d'années, on revient vers des vins beaucoup moins acides, vers 3,5 ou 4 grammes par litre, plus souples mais toujours secs. Cette évolution découle à la fois des préférences des consommateurs et de nombreuses modifications convergentes des techniques (maturité plus grande, petites macérations de pellicules...). Ces phénomènes de balancier, nullement spécifiques à Bordeaux, peuvent surprendre ; ils ne sont que la manifestation de la diversité des goûts en matière de structure, beaucoup plus grande pour les vins blancs que pour les vins rouges. Producteur et consommateur ont parfois des difficultés à évoluer au même rythme ; l'équilibre cependant finit toujours par s'instaurer, pour se déplacer à nouveau.

En s'inspirant de Max Léglise, spécialiste des grands vins blancs de Bourgogne, on peut représenter les divers équilibres qui régissent la constitution du support des vins blancs secs par les diagrammes représentés page suivante.

Les goûts des vins blancs et rosés contenant des sucres — les demi-secs, les moelleux et les liquoreux —, ainsi que des vins doux naturels posent des problèmes d'équilibre plus complexes.

Pour eux, la formule « goût sucré ↔ goût acide » doit s'écrire :

« degré alcoolique + sucre ↔ acidité ».

À l'équilibre entre le goût sucré et le goût acide s'ajoute un autre équilibre qui lie le sucre et l'alcool :

« degré alcoolique ↔ sucre ».

Plus un vin est riche en sucre et plus son degré alcoolique doit être élevé pour qu'il paraisse harmonieux. Le goût doucereux du sucre doit être compensé par plus de chaleur, plus de vinosité. L'impression que laisse un vin moelleux doit se rapprocher de celle des raisins que l'on croque. Le moel-

Les équilibres bipartites des vins blancs secs

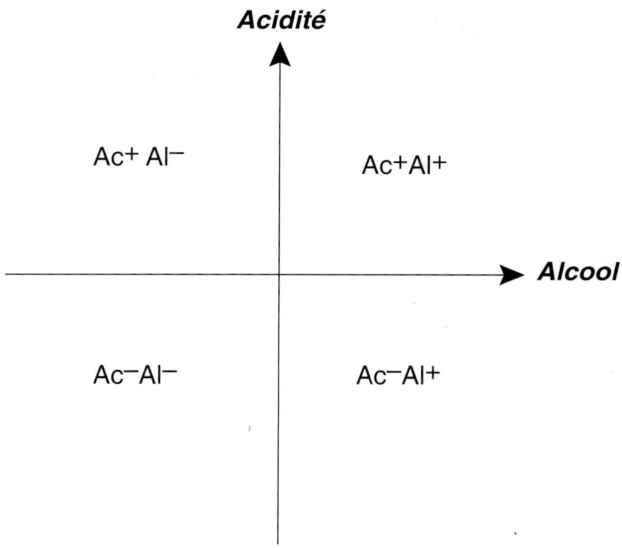

Les équilibres tripartites des vins blancs moelleux et liquoreux

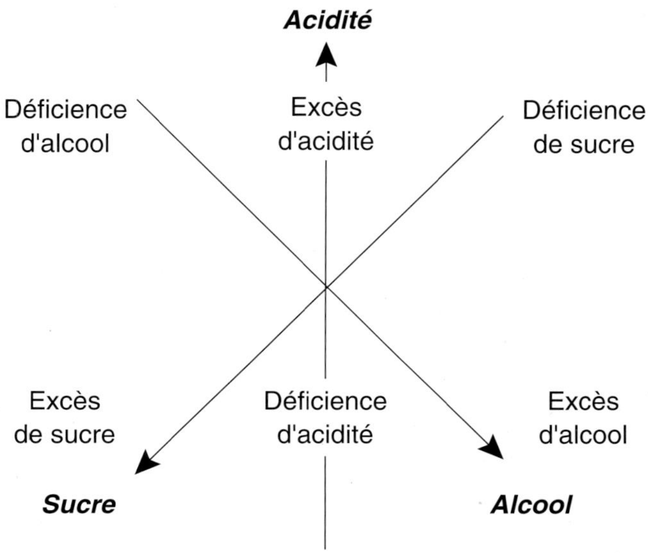

leux estompe l'acidité et la transforme en fraîcheur, et la légère excitation acide corrige la lourdeur et l'épaisseur sucrées. On observe des équilibres alcool/sucre/acidité réussis très différents entre les vins de Sauternes, du Layon, de Jurançon, de la vallée du Rhin, de Tokay ou des bords du Neusiedler See. La partie aromatique est ainsi mise en valeur par un heureux rapport des saveurs, car il faut souligner à nouveau que dans cet équilibre interviennent les sensations olfactives. Certains muscats de Navarre espagnole, peu alcoolisés, moyennement sucrés, révèlent ainsi parfaitement le fruit du cépage, parfois écrasé par trop d'alcool et/ou de sucre. L'harmonie du support est complétée par l'harmonie de la phase odorante. Un arôme intense, un bouquet très fin peuvent masquer certains défauts de structure, plus apparents dans les vins pauvres en arôme ou en bouquet.

Autres conséquences de ces équilibres : les vins blancs, dépourvus de tanin, tolèrent des acidités beaucoup plus élevées que celles des vins rouges ; dans certains types de vins blancs qu'on appelle *tendres*, de petites quantités de sucre, 3 à 5 grammes par litre, suffisent à masquer une acidité qui serait un peu forte pour des vins tout à fait secs ; les vins blancs liquoreux supportent plus d'acidité que les vins sans sucre. Une insuffisance d'acidité ou un excès de liqueur fait apparaître ces vins mous, sirupeux et sans nerf.

LES ÉQUILIBRES DES SAVEURS DES VINS ROUGES

LES VINS ROUGES SONT DES VINS DE MACÉRATION, de véritables décoctions de peaux de raisins noirs et de pépins, d'où ces saveurs plus ou moins amères et astringentes. L'intensité des goûts sucrés doit alors équilibrer la somme des intensités des saveurs acides, amères et astringentes, ce qu'on peut écrire sous la forme raccourcie :

« goût sucré ↔ goût acide + goût amer ».

On peut illustrer l'équilibre entre ces saveurs opposées par la manipulation suivante. Un certain volume d'un vin rouge gustativement équilibré est distillé au laboratoire. La partie volatile, le *distillat*, contient tout l'alcool du vin et les substances volatiles odorantes. Le *résidu* correspond au vin concentré, privé de son alcool. Ces deux liqueurs, pour employer le langage du chimiste, sont ramenées au volume initial avec de l'eau pure. Lorsqu'on les goûte, on est surpris des saveurs violemment opposées qu'elles présentent et de la différence avec le goût du vin lui-même. Le distillat donne une sensation douce, moelleuse, avec en plus la chaleur, la vinosité de l'alcool mêlées à une certaine fadeur. Le résidu au contraire n'est pas buvable ; il a une acidité, une verdeur, une dureté inattendues et vraiment insupportables. Il a suffi d'une simple distillation pour dissocier les substances à goûts acides, amers et astringents, du vin rouge de ses substances à goût sucré. La notion d'équilibre devient tangible. Le vin de base n'était agréable que parce que son acidité et son amertume de constitution étaient équilibrées par son taux d'alcool. On ressent très fortement l'acidité et la verdeur dans les « vins sans alcool », donc dépourvus de sucrosité. Le même essai fait avec un vin blanc sec permettrait de la même manière de juger l'agressivité de sa saveur acide brute, non compensée par l'alcool.

Si, dans la dégustation d'un vin rouge de degré insuffisant, l'acidité et l'amertume dominent, on a l'impression de retrouver plus ou moins le *goût du résidu*. Le vin est qualifié de dur, âpre, astringent. Si l'acidité et les tanins sont faibles, le *goût du distillat* ressort, le vin pourra être jugé trop souple et taxé de lourdeur et de mollesse. À chaque dégustation d'un vin rouge, pour bien définir l'équilibre du support, on essaiera de déterminer, à la lumière de ces observations, quels sont les goûts véritablement dominants. Est-ce celui du *résidu* ? Le vin paraîtra maigre, acerbe, astringent. Est-ce celui du *distillat* ? La vinosité, le coulant l'emporteront, éventuellement la mollesse. Cette manipulation de distillation donne à découvrir et à réfléchir, chaque fois qu'on la recommence. Elle devrait être « obligatoire » lors de toute initiation à la dégustation afin de faire comprendre le mécanisme fondamental de l'équilibre des saveurs. Qui a éprouvé l'agression acide et astrictive d'un vin rouge débarrassé de son alcool ne l'oublie pas.

Remarquons que les vins sont nos boissons à la fois les plus acides, les mieux pourvues en tanin et les plus alcoolisées. Ils ne sont buvables et agréables à boire, avec une telle constitution, que parce que leurs degrés alcooliques sont élevés par rapport aux autres boissons fermentées.

Comme pour les vins blancs, on peut représenter l'équilibre tripartite des vins rouges par divers graphiques. En partant de la position centrale d'équilibre et en se déplaçant selon les axes acidité-moelleux-astringence, on va vers des dominantes exagérées telles que vert, âpre... On peut figurer chaque vin par un point dans ce cercle, ou dans le triangle équivalent, pour le caractériser graphiquement (voir pages 141 et 142).

L'interprétation de ces graphiques a une grande importance technique. Elle a, par exemple, été mise en œuvre à Madiran dont les vins souvent acides et tanniques peuvent être aussi très équilibrés. Elle donne au vinificateur la clef de la réalisation de vins équilibrés en fonction de leur type. Lorsqu'on souhaite produire des vins rouges fruités et frais, qui seront bus rapidement, on limitera la teneur en tanin en conservant une acidité suffisante. À l'inverse, pour des vins de garde, de long vieillissement sous bois puis sous verre, on accentuera la macération et donc la richesse tannique. De cette loi fondamentale, on pourrait énoncer les corollaires suivants : *moins un vin rouge a de tanins, plus il supporte l'acidité (nécessaire à sa fraîcheur) ; plus un vin rouge est riche en tanins (nécessaires à son développement, à sa longévité), plus son acidité doit être basse. Un taux de tanins élevé associé à une forte acidité donne les vins les plus durs et les plus astringents.*

Des tentatives ont été faites pour chiffrer ces notions de souplesse, de gras, par une sorte d'*indice de souplesse*. Jean Ribéreau-Gayon et Émile Peynaud ont défini cet indice pour des vins rouges de qualité moyenne et homogène par le calcul suivant : degré alcoolique — (acidité totale + taux des

Représentation graphique des équilibres tripartites qui règlent la saveur des vins rouges

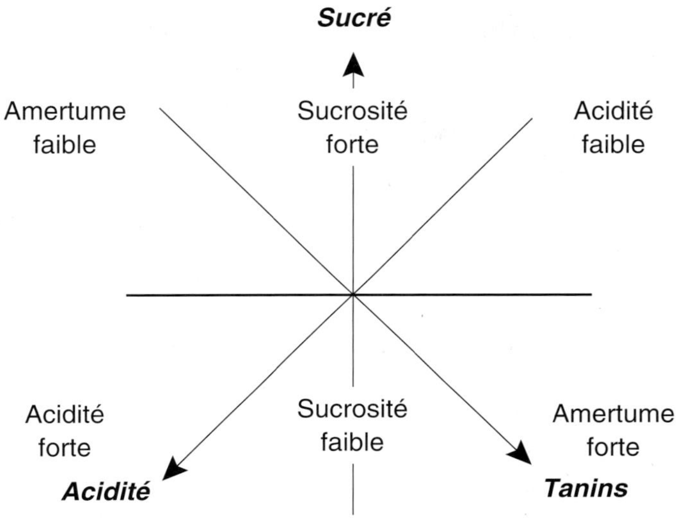

Représentation graphique de divers équilibres entre le degré, l'acidité et le tanin dans les vins rouges

Les fèches en continu représentent des positions d'équilibre, celles en trait discontinu des positions de déséquilibre.

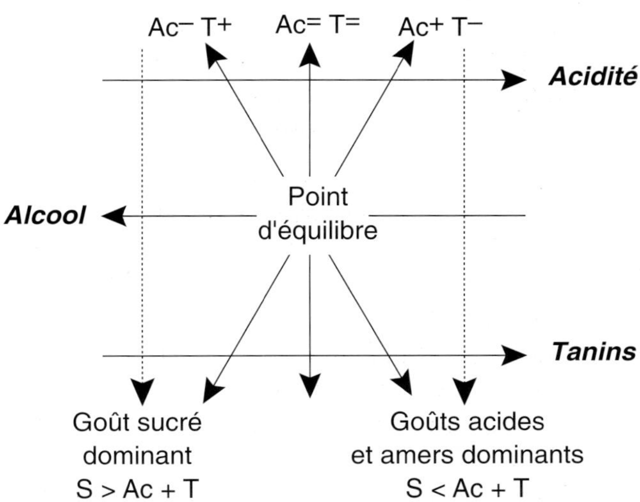

Équilibre des vins rouges

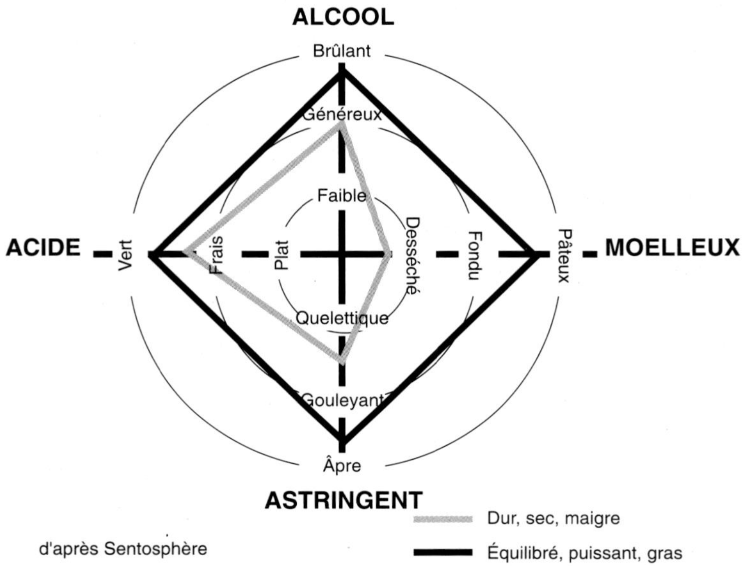

d'après Sentosphère

tanins). L'acidité est exprimée en grammes d'acide sulfurique et les tanins en grammes par litre. Ces derniers sont dosés par détermination de l'indice de polyphénols totaux (IPT) et calculés approximativement d'après la relation suivante : 1 gramme de tanins au litre correspond à un indice de 20.

Ainsi, un vin rouge titrant 12° et ayant 3,6 grammes d'acidité et 1,8 gramme de tanins (indice 36) présente un indice de souplesse de : 12 – (3,6 + 1,8) = 6,6. Un autre vin ayant un degré de 10° 5, une acidité de 4,2 et 2,4 grammes de tanins (indice 48) présente un indice de souplesse beaucoup plus bas : 10,5 – (4,2 + 2,4) = 3,9. Il ne faut pas négliger que dans les qualités de souplesse interviennent d'autres facteurs que ceux qui sont pris en compte dans cet indice, notamment l'acidité volatile, l'acétate d'éthyle, le gaz carbonique… Il faut également rappeler que l'indice de tanins englobe des composés dénués d'amertume. Par ailleurs, au cours du vieillissement, le taux de polyphénols n'évolue guère mais l'astringence diminue par suite de complexes réactions d'oxydation, de condensation et de polymérisation, de mieux en mieux connues par les travaux de Y. Glories et de son équipe. Sans exagérer l'importance chiffrée de ce calcul, il semble qu'un vin ne mérite le qualificatif de « souple » que si son indice dépasse nettement 5. Ce chiffre doit être encore plus élevé pour que le vin mérite le qualificatif de gras ; c'est le cas du premier vin cité qui a un indice de 6,6. En revanche, le second vin, avec un indice de 3,9, est forcément dur, sans souplesse et peu agréable.

Le principal intérêt de cet indice est de constituer un excellent support à la réflexion gustative et technique. Il confirme les remarques précédentes sur la notion d'équilibre. Nous n'hésitons pas à les répéter en raison de leur importance fondamentale. Le dégustateur ne peut progresser dans sa spécialité s'il ignore ces lois de base de l'équilibre des saveurs. *Un vin supporte mieux l'acidité lorsque son degré alcoolique est plus élevé ; les goûts acides et les goûts amers et astringents s'additionnent ; les vins les plus durs sont ceux qui sont à la fois amers et riches en tanins ; une grande richesse en tanins se supporte mieux si l'acidité est faible et le degré élevé.*

Se référant à cette notion d'équilibre, on constate que le degré alcoolique, suffisamment élevé, est un élément de la qualité, non par le goût de l'alcool lui-même, mais par le meilleur équilibre qu'il permet d'obtenir. Un titrage élevé correspond aussi à des raisins plus riches et plus mûrs. Le sucrage traditionnel, moyen déjà ancien d'amélioration, a fortement contribué à donner à l'amateur le goût du vin souple et vineux. En matière de vins de garde, le sucrage doit plutôt être considéré comme un correcteur des cépages à caractères tanniques, que comme un améliorant des vendanges acides. C'est un point de vue qui n'a pas toujours été bien compris.

ARÔMES ET BOUQUETS RÉSULTENT D'ÉQUILIBRES D'ODEURS

L'ARÔME (OU BOUQUET) NE SE LAISSE PAS FACILEMENT DÉCRIRE. Avec un examen attentif, le dégustateur exercé y reconnaît une *succession* de parfums rappelant l'odeur de telle fleur ou de tel fruit, avec des notes odorantes grasses, acides, éthérées, épicées, etc. Il y a une *dominante*, mais un mélange de plusieurs odeurs équilibrées peut s'exprimer à l'odorat de manières très diverses.

Dans un mélange expérimental, certaines odeurs qui semblent dominer les autres sont détectables. La plupart se fondent dans la multitude en perdant leur identité, tout en contribuant néanmoins à la senteur globale. L'ensemble constitue un complexe non analysable, dans lequel tous les éléments participent à créer cette odeur particulière. Les odeurs individuelles ont disparu mais un parfum nouveau est né.

Quelques règles de ces mélanges sont connues. Souvent il y a *addition* des odeurs ; leur mélange est plus odorant que chacune d'entre elles. Certaines substances odorantes, en solution à des concentrations inférieures à leur seuil de sensation, donnent néanmoins une liqueur de mélange nettement odorante. On peut, dans ce cas, attester que les intensités odorantes s'ajoutent. Les odeurs de même famille sont non seulement susceptibles de s'additionner, mais encore de se renforcer. On peut noter parfois une exaltation mutuelle des odeurs, par *synergie*. Les terpènes des cépages aromatiques muscatés en sont un exemple : linalol, géraniol, nérol, terpinéol et leurs oxydes ne sont perçus individuellement que pour des teneurs de 0,1-0,3 mg/l à 5 mg/l alors que l'ensemble est identifiable à seulement 0,2-0,25 mg/l.

Lorsque des odeurs dissemblables mais d'intensités comparables sont mêlées, elles peuvent ou non être repérées individuellement dans l'odeur de leur mélange, si l'on fixe successivement son attention sur l'une ou l'autre. Il peut y avoir, entre plusieurs odeurs, un *masquage* général ou ponctuel. On observe ces phénomènes pour l'acétate d'éthyle, un composant important des vins. Cet ester donne le caractère « acescent » caractéristique des vins « piqués ». En solution aqueuse, le seuil de perception est d'environ 30 milligrammes par litre. En solution alcoolique titrant 10°, le seuil de sensation s'élève à 40 milligrammes ; l'odeur propre de l'alcool éthylique masque les autres odeurs et un degré alcoolique trop élevé peut diminuer l'intensité odorante d'un vin. Dans les vins, l'odeur de l'acétate d'éthyle n'apparaît que pour une quantité de 160 ou 180 milligrammes, même si des teneurs d'environ 100 milligrammes accentuent déjà la dureté. Un mélange d'odeurs masquera d'autant mieux l'odeur particulière de cette substance qu'il sera complexe et intense. Certains très grands vins ont des teneurs en acétate d'éthyle qui seraient insupportables dans des vins plus modestes.

Lorsque l'on goûte un vin, l'odorat participe à l'impression de goût ; on a nommé ces sensations « gusto-olfactives ». Les substances odorantes prennent également une part dans les impressions de sapidité, de corps, de gras. Si l'on enlève à un vin ses constituants odorants en le traitant par un solvant ou un simple barbotage à l'azote, il devient très amaigri, bien que son équilibre analytique fondamental ait été peu modifié.

Pour rester dans le domaine des équilibres d'odeurs, signalons encore l'opposition qui existe dans les vins entre les arômes fruités et la constitution en tanins ; cette notion doit servir de guide à tout vinificateur. En appliquant à une même vendange rouge des modes d'élaboration différents, on peut obtenir, à son gré, un vin blanc, un vin rosé, un vin rouge léger ou corsé. Le pinot noir produit le champagne « blanc de noir » ou le bourgogne rouge. L'arôme vif de fruit décroît progressivement du vin blanc jusqu'au vin rouge de garde, plus lourd, moins éthéré. Des travaux récents ont confirmé ces interactions entre composés aromatiques et macromolécules inodores. Le *collage* libère l'arôme en éliminant une fraction des macromolécules tanniques. Il existe ainsi une sorte de phénomène de balance entre les arômes de fruits venant des raisins et les arômes boisés et tanniques des composés phénoliques. L'arôme primaire d'un vin rouge est d'autant plus marqué et agréable que le vin est moins corsé et que le caractère tannique est plus faible. On le sait, le tanin efface le fruit. Suivant son taux de tanins, donc suivant le mode de vinification, un vin rouge sera fruité ou au contraire présentera l'odeur et le goût de l'écorce, de la tige, du pépin, que nous appelons goût ligneux.

On peut donc, schématiquement, distinguer trois catégories de vins rouges : les vins à saveur de cépage, peu corsés et à boire jeunes ; à l'opposé le vin marqué par un excès de composés phénoliques, d'une grande longévité mais qui restera toujours amer et astringent, et qui représente un type de vins anciens ; enfin le *vin équilibré*, plus difficile à réussir qui, sur le support tannique nécessaire à la sapidité et à la conservation, doit garder la fraîcheur de son arôme primaire.

Le caractère boisé que donne le fût de chêne est intimement lié au bouquet de certains grands vins, au point qu'il peut faire illusion et représenter pour certains amateurs un vrai critère du vin de qualité. Il n'en est rien et ce caractère ajouté n'est plaisant que s'il est discret. Comme une épice bien dosée, il met en valeur le vin sans devenir dominant. S'il s'affirme avec excès, il devient inutilement caricatural.

De l'ensemble de ces constatations sur les équilibres des odeurs et des saveurs, on retiendra la formule suivante : « *Dans un bon vin, tout doit être harmonieux ; la qualité est toujours suspendue à un jeu subtil d'équilibres des saveurs et des odeurs.* »

CHAPITRE 8

Les mots du vin

[...] une autre espèce de phylloxéra, c'est le discours sur le pinard.
Alphonse Boudard, 1993.

[...] l'odorat et le goût différencient alors que le langage intègre.
Michel Serres, 1985.

LE SENS DES MOTS

PARLER DU VIN AVEC PRÉCISION N'EST PAS FACILE. Méfions-nous de l'éloquent, il peut discourir mieux qu'il ne goûte ! Nous souffrons d'un manque de « bons » mots, d'une carence de vocabulaire précis mais aussi d'un excès d'à-peu-près. La difficulté de dire incite à l'expression gratuite et à la tentation de cacher son incapacité sous le verbiage.

Le contenu d'un mot vaut plus que son sens littéral ; il suggère, évoque, ou bien parle pour ne rien dire. L'expérience apprend que le mot ne véhicule la pensée que dans la mesure où celle-ci naît dans l'instant de son expression. Les mots improvisés, même s'ils sont maladroits, sont les plus lourds de sens. Chaque personne qui écoute reçoit du même mot une image différente. Tous les mots ne sont pas de fidèles messagers mais il est des occasions où le mot juste dévoile et engendre la sensation.

Comme l'explication de texte ou la critique d'art, la description gustative a sa terminologie propre, son jargon, ses

PLON

néologismes, et même ses obscurités apparentes. Que le néophyte ne s'étonne pas de cette profusion verbale : connaître, c'est pouvoir nommer. Le dégustateur peut s'exprimer avec les mots de tous les jours, au prix de quelques glissements de sens, souvent faciles à resituer dans le contexte général. Notons toutefois que le monde du vin reste très francophone et n'abuse guère du franglais ou des hispanismes.

Il est facile de réunir plusieurs centaines de mots appliqués à la dégustation des vins. Cette richesse de vocabulaire raisonnable est un outil précieux. Elle permet d'être précis, clair, sans emphase, pour trois grands groupes de dégustateurs : le professionnel, l'amateur, le chroniqueur.

L'expert, formé, expérimenté, entraîné chaque jour, privilégie la netteté, la précision et la concision, pour être compris de tous. Il évite de définir les odeurs par le nom de substances chimiques peu connues. Le goûteur occasionnel et l'amateur ont un vocabulaire plus restreint, un style imagé mais imprécis. L'originalité du vocabulaire risque de cacher l'approximation mais il est des amateurs diserts que l'on a plaisir à écouter.

Le grand vin établit d'emblée des échanges entre ceux qui le partagent : on ne saurait boire un grand vin sans rien en dire. Ce serait négligence grave et injure aux convives comme au vin lui-même. Le vin a toujours tenu une grande place dans la littérature ; si nous apprécions que les plus grands écrivains lui aient consacré de belles pages, nous voudrions condamner le style creux d'une certaine littérature vineuse contemporaine. Le chroniqueur qui parle de vins « drôles, amusants, pimpants, farceurs, raccrocheurs, polissons », atteint le comble de l'insignifiance et mériterait lui-même qu'on lui attribue quelques-uns de ces adjectifs. Pour être pratique, nous préciserons un peu les mots de la structure — le squelette des vins –, puis des saveurs et des odeurs — la musculature et la peau de ces vins.

VOCABULAIRE DE LA STRUCTURE

LE DÉGUSTATEUR DÉCRIT LES VINS PAR LA FORME, la taille, l'équilibre, la surface, la consistance. Toutes ces approches définissent leur structure, leur charpente. Celle-ci bouge, évolue ; elle est décrite par quelques mots simples et évocateurs. La forme est évoquée par *informe* ou, plus intéressant, par *rond*, *plat*, *filiforme*, *anguleux*, *aigu*, *pointu*. Ces images géométriques surprennent puis rassurent : un vin rond ne saurait être anguleux en tous points, même si Louis Orizet a écrit : « Le jurançon met sa contradiction à être rond par un bout et pointu par l'autre. »

Un vin de constitution insuffisante est évoqué par *mince*, *étroit*, *vide*, *creux*, *sec*, *maigre* : cette constitution résulte d'un raisin insuffisant, trop abondant, pas assez mûr, ou d'une vinification négligée. Le vin *corsé* — avec d'autres qualificatifs tels que *complet*, *charpenté*, *plein*, *épais*, *lourd*, *structuré* — a de la consistance, qu'il doit à sa teneur en polyphénols, en alcool, en extrait sec, en saveurs et en odeurs (agréables) de toutes natures ; il emplit la bouche !

Les impressions d'équilibre expriment l'harmonie, qualité centrale de tous les vins. On dit : *harmonieux*, *inharmonieux*, *décharnés*, *desséchés*, *osseux*.

Le contact du vin avec la langue fait naître diverses impressions de surface. Il est des vins *lisses*, *coulants*, *soyeux*, *veloutés* ou *rugueux*, *avec arêtes* ou *aspérités*.

La consistance représente un état de plus ou moins grande solidité, qui oppose les vins *durs*, *fermes*, aux vins *tendres*, *souples*, *moelleux* ou *suaves*. Le caractère *filant*, *huileux* ou *visqueux* se perçoit dans le simple aspect du vin. J.-Cl. Berrouet, le très grand connaisseur des vins rouges du monde, parle de « liquidité » : la profonde signification de ces évidences dispense de tout commentaire en la « matière » !

Un vin est *long* ou *court*, *petit* ou *grand*, *volumineux* ou *étriqué*. Cette notion de longueur exprime à la fois la forme et la persistance gustatives, présentes dans tous les grands vins.

On peut regrouper tout ce vocabulaire autour de la notion d'équilibre déjà développée :

goût sucré ↔ goût acide + goûts amers et astringents.

Le tableau (voir page 152) reproduit cet essai de représentation logique autour des notions croissantes de sucré, acide, astringent, et de la richesse générale.

Le schéma inspiré d'André Vedel (voir page 153) fournit un autre éclairage, complémentaire. Ces deux représentations constituent une base précieuse pour situer tous les vins, par rapport à cette notion décisive d'équilibre, d'harmonie, avec toutes les variantes possibles.

VOCABULAIRE DE LA VINOSITÉ

VINEUX NE SIGNIFIE PAS SEULEMENT « qui a les caractères du vin » ; la *vinosité* est une propriété gustative directement liée à la fermentation alcoolique. C'est la saveur chaude, agréablement caustique due à la présence d'alcool, à partir de 11° environ, ainsi qu'à d'autres constituants tels que l'acide succinique. *Vinosité* et *corps* se complètent en étant différents : un vin de 13° peut manquer de corps et un vin de presse de 10° peut être extrêmement corsé. En revanche, *vinosité* a toujours été synonyme de *force*. On parle d'un vin *vigoureux*, *puissant* ou au contraire *faible*. Les vins de petits degrés sont *petits*, *pauvres*, *faibles*, voire *aqueux*, *lavés*... Les vins *généreux* forment une classe de vins de dessert, enrichis par le passerillage ou l'alcoolisation — on dit alors *fortifié*. Un vins très riche en alcool est *spiritueux*, *alcoolique* ou *alcoolisé*, *chaud*, *brûlant*, *capiteux*. La *nervosité* caractérise un vin à la fois bien pourvu en alcool et en acidité. *Vineux* est un qualificatif positif, expression de la complexité fermentaire ;

Essai de figuration rationnelle d'un vocabulaire gustatif

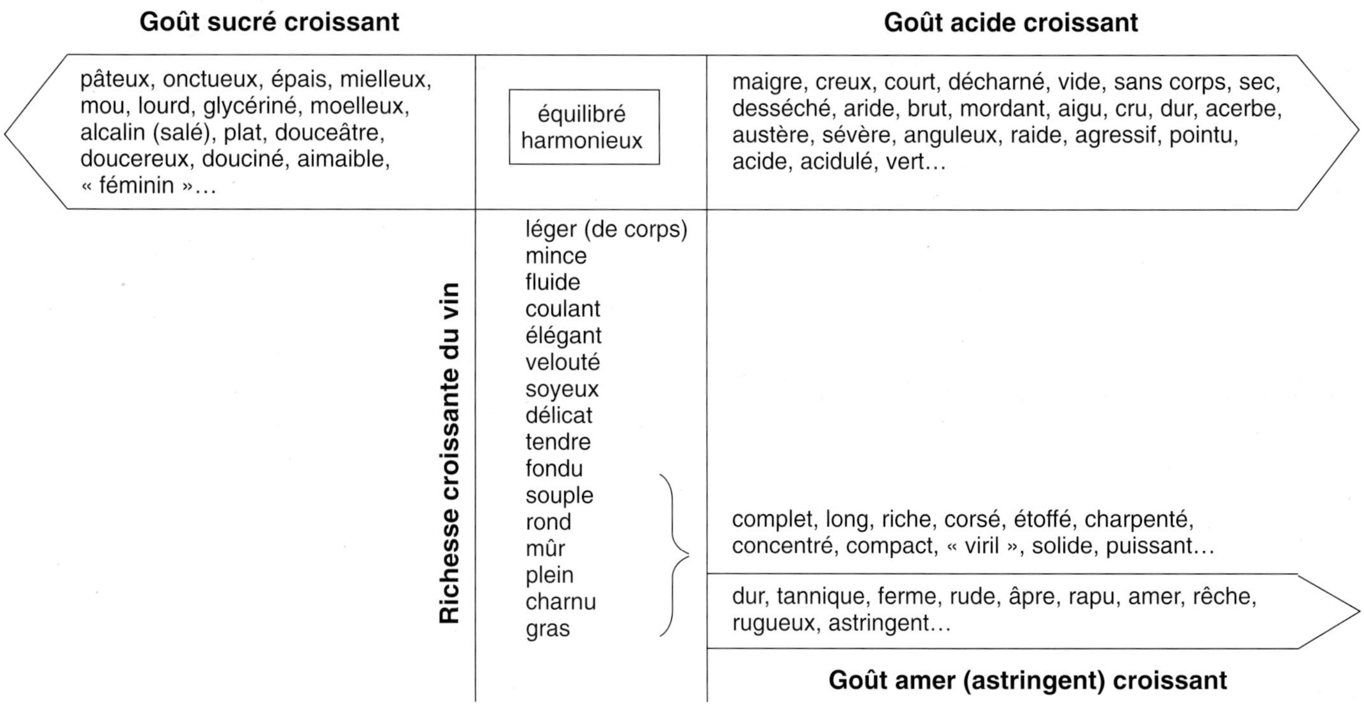

Essai de définition graphique de terme relatifs à l'équilibre[1]

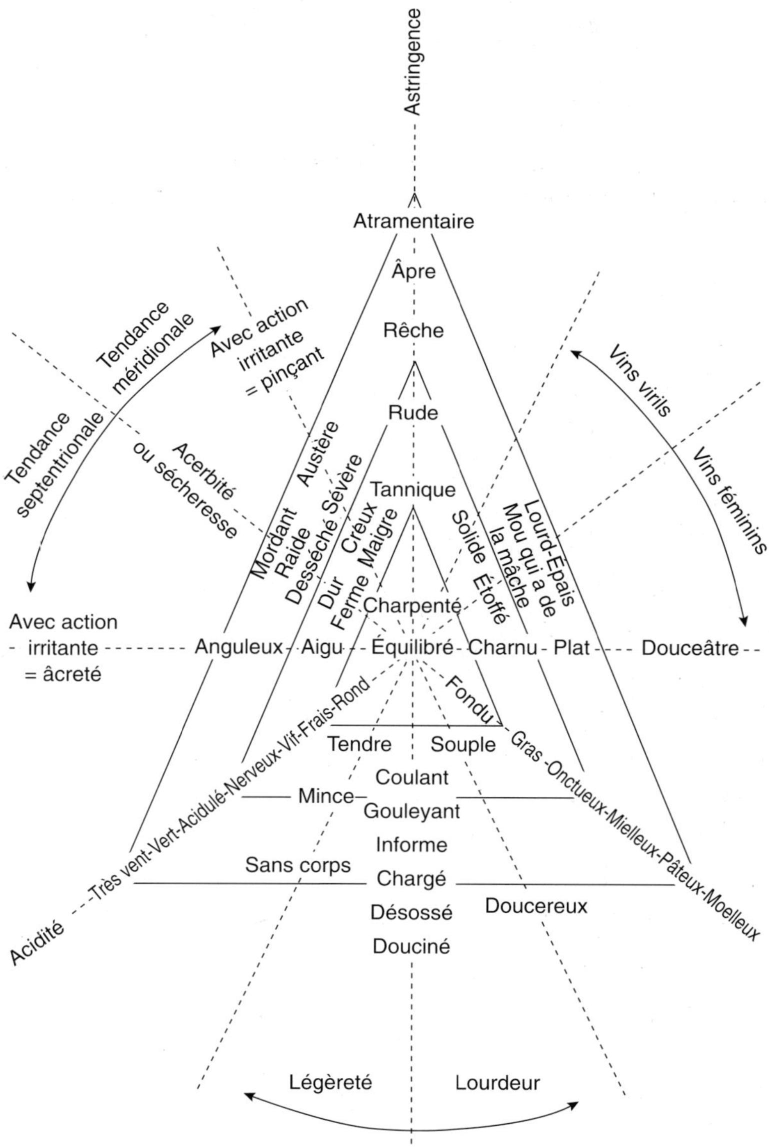

1. D'après André Vedel.

alcooleux est un adjectif restrictrif, réduisant le vin à son constituant le plus abondant.

VOCABULAIRES DU MOELLEUX ET DU SUCRÉ

DEUX VOCABULAIRES DIFFÉRENTS CARACTÉRISENT, d'une part, le type de vin en fonction de la teneur en sucres, d'autre part, les saveurs douces dues aux sucres, à l'alcool, à une acidité faible. Ce vocabulaire exprime les impressions agréables par *moelleux, souple, coulant, fondu, gras, tendre, velouté.*

Souple signifie flexible, malléable, maniable, et fait référence à une texture. Le vin gouleyant (on pense tout de suite au beaujolais) est un vin facile à avaler ; on le boit d'une goulée. Les vins, blancs ou rouges, d'acidité faible, paraissent effectivement moelleux comme s'ils renfermaient quelques grammes de sucre. Un vin *gras* emplit bien la bouche ; il a du volume, est à la fois corsé et souple. C'est une qualité rare, nécessaire pour constituer un grand vin, rouge aussi bien que blanc. Seuls les vins de rafraîchissement peuvent se dispenser de gras, remplacé par la légèreté. Le gras résulte d'une bonne maturité des raisins. Un vin souple n'est pas toujours gras, tandis qu'un vin gras est en principe souple. Le gras est lié à un degré alcoolique suffisamment élevé. Plus exactement, il existe un degré optimum qui dépend de la constitution du vin, mais un vin de 10° par exemple ne peut pas être vraiment gras.

L'alcool est un facteur de la qualité et de faibles variations sont sensibles, avec des effets parfois contradictoires : une addition d'alcool à un vin maigre, sec, le rend encore plus sec. Au contraire, un vin gras paraît d'autant plus moelleux que son degré est plus élevé.

Pour faire un bon vin, il faut un degré alcoolique suffisant, en complément des autres constituants du raisin. L'enrichissement par sucrage ne saurait pallier totalement les conséquences de l'insuffisance de maturité des raisins ; comme bien d'autres pratiques œnologiques, il améliore davantage les bons raisins que les raisins plus modestes. Certaines techniques de concentration, par élimination de l'eau excédentaire, obtiennent plus facilement une richesse générale. Dans tous les cas, les meilleurs vins proviennent des meilleurs raisins, riches en tous constituants grâce à la qualité du sol, du climat, et aux efforts du vigneron.

Des vins peuvent présenter un excès de saveur sucrée qui les déséquilibre. On les dit *mous*, *flasques*, *lourds*, *doucereux*. Un vin mou manque de corps, de vinosité et surtout il n'est pas assez acide. Des vins blancs liquoreux très riches sont jugés *onctueux*, *mielleux*, et *sirupeux* si leur « sucrosité » est exagérée.

« Ce vin blanc est-il *sec*, *demi-sec*, *moelleux* ou *liquoreux* ? » Au-delà des diverses réglementations, les réponses gustatives varient beaucoup avec les goûts locaux, les habitudes. À titre indicatif on peut situer la limite entre sec et demi-sec vers 4-10 grammes de sucres par litre et la frontière des moelleux vers 30-40 grammes par litre. Rappelons qu'un champagne *brut* contient de 5 à 15 grammes de sucre par litre et un champagne *demi-sec*, de 35 à 45 grammes.

La douceur d'un vin *édulcoré* est due au mélange avec du moût de raisin, muté ou mi-fermenté, ou encore concentré par évaporation. Quelques vins liquoreux particuliers prennent le nom de l'état des raisins dont ils proviennent ; c'est le cas pour les vins *surmuris* (jurançon...), *de paille* (jura...), *passerillés* (malaga), de *pourriture noble* (sauternes, tokay...) ou pour les *eiswein* du Rhin, d'Autriche..., obtenus par diverses techniques de surmaturation. On a dit à leur propos qu'ils représentent l'extravagance de la qualité. Le mot *liquoreux* est rejeté par la réglementation communautaire mais son usage reste indissolublement lié à Sauternes, Barsac et environs, où le mot *moelleux* est presque péjoratif.

VOCABULAIRE DES ACIDITÉS

POUR LES AVOIR OBSERVÉS, on peut attester que les grands vins rouges sont toujours peu acides et que le succès d'une vinification en blanc dépend de la façon dont on a su ajuster l'équilibre de l'acidité. L'école bordelaise d'œnologie a transformé les méthodes en ce domaine, pour mieux révéler les qualités des raisins. Il est bien préférable d'avoir un vin tannique et peu acide que l'inverse, qui était de règle. Contrairement à une idée courante, ce n'est pas l'acidité qui est garante d'une bonne aptitude au vieillissement, mais l'équilibre général. Plus précisément, on pourrait dire que l'acidité permet le vieillissement alors que les tannins équilibrés permettent au vin de rester jeune longtemps. La connaissance de l'acidité est aussi nécessaire que celle du degré alcoolique pour donner une idée de la qualité. Le répertoire des qualificatifs de l'acidité fixe est très riche pour caractériser trois catégories d'acidité des vins : l'acidité effectivement perçue, le manque d'acidité et enfin l'acidité non identifiée, qui intervient sur le déséquilibre gustatif. L'acidité *de fraîcheur* peut rendre agréable un vin blanc sec ou un vin rouge primeur. Par contre l'acidité *de dureté*, perçue en arrière-goût au fond de la gorge, est moins bien acceptée.

Classés dans l'ordre alphabétique, les mots suivants expriment les saveurs franchement acides et leurs nuances : *acerbe*, *acidifié*, *acidulé*, *agressif*, *vert*. On peut préciser que *acerbe* s'applique aux fruits pas encore mûrs, encore acides, et que *aigre* caractérise les produits devenus acides.

Le manque d'acidité se traduit par *mou*, *plat*. Il est renforcé par la présence de sucres. Cette mollesse peut faire apparaître le caractère salé, souvent accompagné d'une couleur terne, « triste » ; celle-ci étant ravivée par une acidité plus normale.

L'acidité qui ne dit pas son nom fait les vins *amaigris*, *bruts*, *courts*, *creux*, *décharnés*, *maigres*, *nerveux*, *raides*, *rudes*, *secs* ; termes qui ne dissimulent rien d'autre que des défectuosités. L'acescence (ou maladie de la piqûre acétique), due à l'intervention des bactéries acétiques, se caractérise par la formation d'un excès d'acide acétique et d'acétate d'éthyle, et gustativement par le goût et l'odeur de vin *piqué*. L'acide acétique — un acide volatil — a peu d'odeur, mais un goût aigre ; l'acétate d'éthyle, quant à lui, exhale l'odeur agressive du piqué, doublée d'un goût âcre et brûlant ; c'est lui qui altère la fraîcheur et la netteté du vin, même à des teneurs faibles et non identifiables, beaucoup plus que l'acide acétique. On dit des vins qui souffrent de l'excès de ces substances qu'ils sont *acétiques*, *aigres*, *altérés*, *piqués*. L'acidité volatile renforce les goûts désagréables de l'acidité fixe et de l'excès de tanin ; il existe quelques rares grands vins *malgré* une acidité volatile élevée, jamais *à cause* de cette acidité ! Rappelons enfin que notre tolérance à cette acidité volatile a beaucoup baissé, depuis une génération, et que nous ne pourrions plus apprécier les vins qui régalèrent nos grands-parents, peut-être parce qu'ils n'avaient pas les caractéristiques que nous connaissons actuellement.

VOCABULAIRE DE L'AMERTUME ET DE L'ASTRINGENCE

LES SAVEURS TANNIQUES SONT EXTRÊMEMENT VARIÉES. Elles sont la cause principale de l'amertume et de l'astringence, à la fois liées et bien différentes dans les vins. On distingue gustativement les tanins *savoureux*, *amers*, *acidulés*, *astringents*, *boisés*, *végétaux*, sans que l'on puisse les relier à des composés chimiques précis. Ces saveurs sont complexes, qui mêlent l'astringence et l'amertume et interfèrent avec la « sucrosité » et la vinosité.

L'amertume — saveur élémentaire — est recherchée dans diverses boissons ; elle y est présente par addition d'infusions diverses (quinquina, gentiane, orange amère, noix). Dans les vins, elle résulte de certains tanins mais aussi des levures, des raisins. Par exemple, certains très grands sauternes sont — et doivent être — amers dans les premiers mois de leur vie, avant de révéler leur extraordinaire onctuosité. L'âcreté, la stypticité (goût métallique), le « goût d'encre » (ou « atramentaire ») peuvent être considérés comme des nuances déplaisantes de l'amertume, des déviations issues des tanins.

Les vins riches en tanins sont dits *tanniques* ou *astringents*. Le tanin est un élément du *corps* du vin et fait les vins *corsés*, *étoffés*, *solides*, *charpentés*. Un vin bien pourvu en tanin a de la consistance, de la mâche ; en revanche, trop de tanin le rend *dur*, *ferme*, *raide*, *maigre*, *austère*, *grossier*. Dans les grands vins rouges, la qualité du tanin est très liée à la qualité aromatique et la finesse de la saveur va toujours de pair avec celle des arômes. Les vins rouges sont constitués de vin « de goutte », s'écoulant directement de la cuve de macération, et de vin « de presse », issu du marc, par pressurage. Cet assemblage est nécessaire, mais un excès de vin de presse produit un déséquilibre, un vin *râpeux*, ou *râpu*, plus ou moins herbacé, grossier. On parle aussi de « goût de marc », de presse.

VOCABULAIRE D'UNE IMAGERIE GUSTATIVE

LA LANGUE DES DÉGUSTATEURS est faite, d'une part, de termes précis, qui décrivent des sensations concrètes de moelleux, d'acidité, d'amertume, d'autre part, de termes imprécis, plus conventionnels, qui définissent un équilibre des saveurs, un goût, une odeur, ou expriment un jugement.

Dans le premier cas, le terme s'ajuste bien à la perception et est intelligible à tous. Dans le second, le langage est plus imagé et souvent métaphorique. Le profane comprend alors mal l'assimilation du vin à des structures géométriques, à des étoffes ou à un être vivant, et les comparaisons de ses qualités, ou de ses défauts, avec des vertus humaines. On parle en effet d'un vin honnête, noble, aimable, généreux, etc. On pénètre ici dans un registre plus délibérément analogique. Certains qualificatifs, qui expriment la « bonté » du vin, sont familiers à tous : *bon* ou *mauvais*, *agréable* ou *désagréable*, *goûteux* ou *insipide*. Ceux qui décrivent la « beauté » du vin résultent déjà d'une transposition de la langue. Cet usage est général dans les activités artistiques : qui n'a pas entendu parler de musique acide, de couleur chaude... C'est une convention à accepter. Un beau vin a du *brio*, du *chic* ; il est *élégant*, *charmant*, *charmeur*, *brillant*, *distingué*, *gracieux*, voire *somptueux*, *affriolant*, *fastueux*, *séduisant* ou *séducteur* ! On parle aussi de vins *racés*, *nobles*, *riches*, ou bien *roturiers*, *rustres*, *communs*, *vulgaires*, *pauvres*, *ordinaires*, *standards*. L'allusion à une anatomie anthropomorphe est plus conventionnelle : le vin est *corpulent*, *bien en chair*, *décharné*, *squelettique*, *musclé*, *athlétique*, *gringalet*, *viril ou féminin*, *osseux*, *bien en jambes*, *invertébré* (d'autres masses musculaires plus intimes sont parfois évoquées...). Les vins ont un âge (apparent) : d'abord *nouveau*, *jeune*, puis *fait*, *à point*, *rassis*, *vieilli*, *vieillardé*, *usé*, *passé*...

Attribuer au vin des vertus morales est bien sûr dérisoire et déplacé, mais on dit cependant couramment d'un vin qu'il est *franc*, *droit*, *sincère*, *authentique*, *honnête*, *marchand*. (Ce vocabulaire remonte aux premiers actes de commerce.) La force (ou générosité) du vin s'exprime par *vigoureux*, *puissant*, *agressif*, ou *faible*, *anémique*.

C'est une chose étrange que l'assimilation de la texture du vin à celle de diverses étoffes. On parle déjà de la robe du vin pour définir sa couleur et si celui-ci est corsé, on le dit *étoffé*. Un vin maigre, sec est dit *usé jusqu'à la trame*. D'autres sont *satinés*, *soyeux*, *veloutés*, *de dentelles*, ou bien *cotonneux*. Pour certains les margaux évoquent la dentelle et Mozart, les saint-julien le velours et Haydn, les pauillac la soie et Beethoven, les saint-estèphe la bure de laine et Wagner... Pourquoi ne pas rêver un peu ? Mais tous les vins ne supportent pas l'emphase ni tous les auditoires le ridicule !

L'INFLUENCE GUSTATIVE DU GAZ CARBONIQUE

ÉVOQUER LE GAZ CARBONIQUE suggère instantanément les bulles de la flûte de vin effervescent. Il ne faut pourtant pas négliger son rôle important dans les vins *tranquilles*. Le gaz carbonique est un constituant normal de tous les vins jeunes ; sa teneur baisse avec le temps. Il agit sur nos sens à la fois par sa saveur simple, légèrement acidulée, et par la sensation de picotement. Perçu dans le vin au-dessus de 500 milligrammes par litre, il intervient à des teneurs plus faibles sur les impressions d'équilibre. Par ailleurs, son évaporation dans le verre qu'on agite entraîne et exalte les odeurs. Ainsi, l'arôme fruité des vins jeunes est nettement renforcé et avivé. En revanche, le bouquet des vins vieux un peu gazeux paraît dénaturé par des nuances acides. Les températures (trop) élevées exacerbent ces propriétés.

Certains vins blancs secs, ou peu sucrés, jeunes et insuffisamment acides, se trouvent améliorés par la présence de 500 à 700 milligrammes de gaz carbonique par litre. Les vins suisses en sont des exemples frappants. Les vins rouges de type primeur, pauvres en tanin, peuvent profiter d'un taux

suffisant de gaz carbonique, tandis que les vins rouges d'âge qui en contiennent trop sont durcis, amaigris.

On utilise un vocabulaire particulier pour les vins riches en gaz carbonique : *gazeux*, *perlés*, *perlants*, *effervescents*. Le public aime bien la saveur agressive et excitante du gaz carbonique. On a beaucoup champagnisé, beaucoup gazéifié ; pourtant, ne doutons pas que le gaz carbonique ne peut en aucun cas masquer l'insuffisance du vin de base, celui qui fait la grandeur des grands champagnes.

VOCABULAIRE DES ODEURS

COMMENT DONNER VIE À UNE ODEUR PAR DES MOTS ? Dans une approche cartésienne du problème, le dégustateur tente, dans un premier temps, de distinguer l'intensité ou le volume de l'odeur, sa qualité ou son agrément ; dans un deuxième temps, par le jeu des évocations et des analogies, il s'attache aux détails.

L'agrément de l'odeur est le fond de toute qualité. La finesse est l'ensemble des qualités qui caractérisent un vin de cru. Un bon vin est celui qui, outre l'équilibre des saveurs, possède une odeur plaisante, même *simple* et peu intense. Un grand vin a une odeur *agréable* et intense, complexe, personnalisée, avec du caractère, de la typicité. On dit qu'il est *racé, séveux*. Il faut distinguer la finesse et la race ; un vin peut avoir de la finesse mais n'être pas racé, s'il n'a pas les caractères typiques de son origine. La race demande cette nécessaire personnalité qui fait le charme inimitable des grandes choses, faisant parfois oublier d'autres aspects moins réussis. La finesse nécessite l'absence de défauts ; la race les fait oublier par une seule qualité exceptionnelle. La *sève* est une expression ancienne ; elle est l'équivalent de ce que l'on appelle aujourd'hui l'arôme de bouche ou la « persistance aromatique intense ». À l'opposé des vins racés, ceux qui sont qualifiés de *communs* sont des vins sans distinction.

L'intensité de l'odeur d'un vin doit toujours être spécifiée dans une fiche gustative ; elle est *forte*, *intense*, *développée* ; le vin est odorant, *aromatique*, *bouqueté* ; il a du *nez*.

La netteté de l'odeur signifie la franchise, l'absence de goût étranger, de défauts. (C'est une qualité insuffisante mais nécessaire à tous les vins.) Le vin est alors dit *net*, *sain*, *franc*. Ou, au contraire, il est *douteux*, *défectueux*, *malade*, *altéré*. Les mots précis abondent et sont souvent très spécialisés.

On ne peut décrire une odeur que par analogie avec une odeur connue. S'il n'y a pas de modèle odorant — c'est parfois le cas –, une approximation suffit pour déclencher l'évocation.

Pour la qualifier, on donne à une odeur soit le nom de son origine naturelle (odeur de violette ou de banane, par exemple), soit le nom d'une substance chimique pure de référence (alpha-ionone, acétate d'isoamyle, par exemple). Les deux méthodes ont leurs défauts. Le descripteur naturel est complet, mais il existe une infinité d'odeurs de rose, de pommes... Le descripteur chimique est précis mais incomplet car les odeurs naturelles sont complexes. La première méthode est souvent préférable. Nous avons vu que les odeurs pouvaient être classées en dix séries : *animale*, *balsamique*, *boisée*, *chimique*, *épicée*, *empyreumatique*, *éthérée*, *florale*, *fruitée*, *végétale*. Il peut être utile d'illustrer ces catégories aux noms un peu ésotériques, réparties entre arômes et bouquets, avec un vocabulaire usuel et en restant sur les odeurs vineuses.

Arômes primaires du raisin présents dans l'ensemble des « jus de fruits »

Série végétale, herbacée : elle évoque les plantes vertes, puis séchées, les arbres et les prés. Feuille verte, feuille de cassis, chou, cresson, lierre, foin, foin sec/fané, paille, tisane, infusions, feuille morte, humus, poussière, sous-bois, mousse, terre, marais, thé, tabac, laurier, café vert, eucalyptus, menthe, fougère, poivron vert, melon, buis, asperge, haricot vert, artichaut, olive verte.
Exemple : les vins issus de raisins à la maturité insuffisante, avec excès de pressurage ; ce vocabulaire évoque des défauts de « naissance » du vin.

Série florale, fleurie : la plante « herbacée » s'enrichit de nouvelles senteurs, par ses fleurs, souvent prolongées dans les raisins.
Acacia, troène, sureau, aubépine, magnolia, citronnelle, coriandre, tilleul, vigne, oranger, pommier, pêcher, jacinthe, jasmin, géranium, genêt, pivoine, rose, camomille, verveine, iris, violette, œillet.
Exemple : beaucoup de vins (blancs) jeunes ; ces arômes délicats sont fragiles, parfois fugaces.

Série fruitée : les fleurs ont évolué vers les grandes familles de fruits, dans leur infinie variété olfactive. Dans les vins, ces odeurs proviennent des pulpes et des pellicules des raisins.
Fruits « rouges » : cerises, fraise, framboise, cassis, fraise des bois, groseille, mûre, grenade, prunelle.
Fruits « blancs » : pêche, abricot, coing, poire, prune, mirabelle, pomme golden, pomme reinette, figue, melon.
Fruits « secs » : raisin sec, fruit confit, confiture, raisiné, figue sèche, noix, noisette, pruneau, amande, amande amère, pistache.
Agrumes : orange, orange confite, citron, pamplemousse, mandarine, bergamote.
Fruits « exotiques » : passion, mangue, ananas, banane, lychee.
Exemple : beaucoup de vins (rouges) jeunes.

Arômes secondaires de fermentation, communs à l'ensemble des boissons fermentées

Série éthérée : Elle est constituée de divers produits « secondaires » de la fermentation par levures et bactéries, assez souvent des esters au sens chimique.
Levure, ferment, bière cidre, éthanal, savon, savonnette, bougie, cire, miel, stéarine, « bonbon anglais », banane, vernis à ongles, amylique, acétate d'isoamyle, lactique, yaourt, laiterie, laitage, lait aigre, beurre, rance, diacétyle, choucroute.
Exemple : les vins en fin de fermentation, les vins « primeur ». Ces arômes d'esters sont, par nature, fugaces : ils disparaissent progressivement en quelques mois.

Arômes tertiaires des « bouquets »

Série épicée regroupant divers aromates et épices : anis, aneth, badiane, fenouil, « pastis », basilic, menthe verte, menthe poivrée, champignon, girolle, cèpe, truffe, sous-bois, moisi, cannelle, gingembre, girofle, laurier, muscade, poivre, poivre vert, curry, vanille, « épices douces », « garrigue », thym, romarin, serpolet, origan, marjolaine, lavande, vermouth, camphre, angélique, réglisse, ail, oignon.
Exemple : les vins un peu évolués, issus de cépages « typés ».

Série empyreumatique constituée par les odeurs « de feu » : tabac, cigare, pipe, fumée, cendre, goudron, créosote, encens, caoutchouc, brûlé, grillé, caramel, amande grillée, pain grillé, café, café torréfié, cacao, chocolat, confiture.
Exemple : la plupart des vins issus de raisins très mûrs, les vins élevés avec oxydations (ex. : rancios) et/ou élevés en barriques, fabriquées avec une phase de brûlage du bois.

Série boisée et balsamique — aux odeurs « de baume » — à partir des tanins des pellicules, pépins et barriques : bois vert, bois sec, vieux bois, ligneux, acacia, chêne, châtaignier, pin, sapin, résine, térébenthine, cèdre, santal, crayon, écorce, mousse, rancio, vieux rhum, whisky, vieux cognac.
Exemple : les vins élevés en barriques, certains vins tanniques élevés en cuves.

Série animale surprenante mais bien réelle dans certains vins : viande, fauve, gibier, venaison, faisandé, civet, musc, civette, ambre, cuir, fourrure, serpillière, « chien mouillé », étable, écurie, cheval, urine de chat, de souris.
Exemple : beaucoup de vins (rouges) après un assez long séjour en bouteilles ; nous avons alors des « bouquets de réduction ».

Série chimique, constituée d'odeurs très diverses, souvent parasites, rarement recherchées : acétique, acescent, vinaigre, évent, pomme, cidre, éthanal, alcool, alcooleux, hydrocarbure, pétrole, essence, naphte, médicinal, pharmaceutique, désinfectant, infirmerie, phénol, phéniqué, iodé, iode, soufré, sulfité, SO_2, sulfureux, sulfhydrique, H_2S, réduit, mercaptan, « sulfure », bock, chou, choucroute, caoutchouc.
Exemple : assez souvent symptômes d'altérations, durables ou passagères.

Cette liste peut être indéfiniment prolongée. Il existe diverses collections d'odeurs de « tigre », de muguet ou de pomme — reinette… : elles constituent d'amusants et utiles outils pour s'entraîner à découvrir ou reconnaître des sensations olfactives, à tous âges. Le « bon » dégustateur n'est pas celui qui énonce la plus longue liste d'odeurs, c'est celui qui exprime la ou les odeurs justes.

L'apprentissage des odeurs se fait tout simplement dans la nature. Il faut organiser, dès le plus jeune âge, la « chasse » aux odeurs, arpenter en toute saison, le nez en avant, le jardin, les prés, la lande et la garrigue ; froisser une feuille, respirer une fleur, écraser un fruit ; mettre son nez dans la collection d'épices et de condiments, sentir les fines herbes du cuisinier, les herbes officinales de l'herboriste ou les essences du liquoriste ; respirer attentivement une eau de toilette, une savonnette, reconnaître le parfum d'une dame.

L'ANALYSE OLFACTIVE ET SES OUTRANCES

LA RECHERCHE ÉVOCATRICE DES ODEURS rejoint les voluptés de l'imaginaire mais ici, comme en poésie, où finit la sincérité et où commence l'autosuggestion et le bluff ? Déviation et exagération sont les erreurs habituelles des néophytes.

Tel étudiant frais émoulu de son stage d'œnologie comptait sur ses doigts les cinq touches aromatiques d'un meursault. Tel autre récitait sans hésitation, avant même de le sentir, les nuances caractéristiques d'un cabernet-sauvignon ! Tel commentateur retrouvait dans tous les médocs les arômes du cabernet-sauvignon vieilli dans le chêne ; il énumérait d'une traite : cassis, résine, cèdre, vanille, cannelle, muscade ! Il ne trichait pas tout à fait ; il invitait simplement son auditoire à entrer dans son jardin *imaginaire* des odeurs. Heureusement beaucoup de présentateurs savent animer un groupe à la recherche des odeurs du vin. Ils découvrent et font découvrir des nuances odorantes successives.

DÉFAUTS OLFACTIFS

LE VIN EST CAPABLE D'UNE RÉSISTANCE ÉTONNANTE mais sa fragilité est aussi déconcertante ; il craint l'air et la chaleur, l'abandon et les mauvais traitements. Il suffit d'un rien pour lui faire perdre, en peu de temps, un agrément gustatif long à acquérir. Le vocabulaire attaché aux défauts olfactifs est abondant, parfois un peu austère ou technique, souvent assez précis car rattachable à des substances précises, dosables.

L'excès d'oxygène est préjudiciable : le vin paraît *fatigué*, il a perdu de l'intensité odorante, de la finesse. Le repos lui rend en général sa fraîcheur première. Un vin *mâché*, *éventé* est un vin enrichi en aldéhydes ; son goût est proche de celui d'un fruit blessé, écrasé. Si elle est un peu plus accentuée, l'oxydation produit un vin *oxydé*, aux caractéristiques quasi irréversibles. Le caractère *madérisé* — comme les madères — ou *rancio* (de l'espagnol *rancio* = rance et vieux, démodé) n'est pas toujours péjoratif ; on le recherche dans certains vins, parfois somptueux (banyuls, porto, jerez, madère…). Le goût de « jaune » caractérise les « vins jaunes » du Jura, élevés pendant des années, en vidange mais en présence de levures spéciales formant le « voile », comme pour le « fino » de Jerez.

Pour le chimiste, le phénomène inverse de l'oxydation est la réduction, qui correspond en quelque sorte à l'asphyxie. C'est dans ces conditions d'isolement par rapport à l'oxygène que se développe le bouquet le plus intense et le plus agréable ; on l'appelle bouquet « de bouteille ». Poussée trop loin, la réduction engendre des odeurs peu appréciées, des puanteurs de *réduit*, de sulfure, d'œufs couvés, « de lie », d'eau de Barèges, de Luchon… Un soutirage et une aération suffisent la plupart du temps pour faire disparaître ces défauts courants chez les vins très jeunes. Des formes plus graves, comme les odeurs alliacées, fétides, putrides, décomposées, de croupi, peuvent rendre le vin inconsommable. Divers travaux récents précisent les origines de ces déviations et les moyens simples de les éviter, par exemple par bonne maîtrise des températures de fermentation et des dates de soutirage. Qu'ils soient oxydatifs ou réductifs, ces défauts proviennent toujours d'une négligence.

Tout le monde connaît l'anecdote des deux goûteurs qui déterminent respectivement, dans le même vin, un léger goût de cuir et un léger goût de fer. Ils avaient tous deux raison : au soutirage, on retrouva dans l'amphore une petite clé dans son étui.

La vigne, le raisin, le vin captent facilement les odeurs de l'ambiance pour les restituer dans le verre. Citons les moisissures qui provoquent les odeurs de moisi et de champignons, les odeurs de phénol, d'iode, les odeurs de mauvais bois ou de mauvais bouchon — qui parfois se confondent —, les odeurs de moisi rance, très désagréables. La liste de ces mauvaises odeurs possibles est longue, mais les incidents réels sont relativement rares ; le diagnostic est assez facile et la vigilance de tous est permanente.

Il peut se produire aussi des incidents anecdotiques et peu prévisibles. Ainsi, un vin sent la thérébenthine parce qu'une douelle de la cuve est en pin ; un autre sent la créosote à cause d'un traitement inopportun des piquets de vigne ; un autre encore sent le goudron après une récolte faite près d'un chemin en réfection… Chaque expert a rencontré quelques-uns de ces problèmes d'odeurs étranges : seul un grand nombre de connaissances accumulées, soutenues par (un peu ?) de chance, permettra de poser le bon diagnostic.

QUELQUES FORMES DE COMMENTAIRES GUSTATIFS

CHAQUE COMMENTAIRE PEUT ET DOIT DÉPENDRE DU BUT DE LA DÉGUSTATION, des auditeurs ou des lecteurs auxquels il s'adresse. Certains vins se prêtent peu à des descriptions et à des développements ; ils n'ont rien à « dire » ; deux mots suffisent à les définir. D'autres méritent des notes précises et détaillées. Suivant les cas, les commentaires seront donc plus ou moins descriptifs, plus ou moins explicatifs, et les conclusions plus ou moins circonstanciées. Une dégustation analytique exige un long compte rendu mais on peut, lors d'une comparaison de vins assez proches, se contenter de classer, de souligner quelques traits de leurs différences. Il suffit parfois de porter un jugement sur le détail important.

Entre professionnels, le commentaire verbal, direct et concis, résumé en une phrase, est le plus souvent de règle. Il doit être exprimé seulement après que tous les dégustateurs se sont fait une opinion. La discussion qui suit aboutit à une mise au point commune, parfois à un compromis. La dégustation exprimée au fur et à mesure que naissent les impressions est à proscrire.

Le texte écrit fixe la pensée et oblige à faire un effort de clarté et de précision. À titre d'exemple nous proposons, pour un même vin, les commentaires de six personnes différentes qui représentent des points de vue bien spécifiques.

Le technicien : net, équilibré ; du fruit et du corps ; acidité faible bien compensée par des tanins soutenus.

Le maître de chai : mieux que l'an passé ; la cuvaison bien conduite a compensé les petites pluies d'avant vendange.

Le courtier : classique, bien fait, sans problème ; un peu mieux que la moyenne du secteur.

Le sommelier : rubis profond, brillant ; très joli nez de merlot bien mûr ; charnu et gras ; parfait avec le gigot mais éviter les côtelettes aux herbes de Provence trop épicées.

Le chroniqueur gastronomique : magnifiques reflets d'or rouge, resplendissant à la flamme des bougies ; nez puissant de fruits gorgés de soleil, de cerise noire, de mûre, avec des notes bien fondues de pruneau, de confiture de figue ; tanins de soie faisant la queue de paon en tapissant tout le palais ; vin très long ; une bien belle réussite pour ce cru habitué aux succès et sachant bien gérer les années difficiles.

L'amateur-consommateur : très sympathique, je vais en recommander quelques bouteilles pour la maison et pour offrir.

Chacun dit la même chose, avec plus ou moins d'enthousiasme, en décomposant plus ou moins ses sensations mais selon une méthode nette, adaptée à ses besoins, à ses interlocuteurs.

CHAPITRE 9

La formation des dégustateurs

Je ne sais rien sans l'avoir appris.

Confucius (d'après Th. Cleary).

DEPUIS LA NUIT DES TEMPS, l'homme apprend à déguster toutes choses, à repérer les goûts et les odeurs bénéfiques ou maléfiques, par nécessité et par plaisir. Le vin, boisson très ancienne et très diversifiée, est accompagné depuis longtemps d'une technique de dégustation. Seule l'organisation de cette technique est récente.

Pendant longtemps, la plupart des dégustateurs ont appris leur métier tout seul. Dans l'ignorance des données élémentaires sur les mécanismes des sensations et les équilibres des saveurs et des odeurs, ces « autodidactes » de la dégustation progressaient au hasard de leurs rencontres avec des vins et, pour les plus chanceux, avec quelques professionnels chevronnés. Aujourd'hui, divers enseignements de la dégustation sont dispensés à l'initiative des stations œnologiques, des services de formation agricole, ou encore de l'Institut technique du vin et des universités. Une bonne connaissance de la dégustation permet au professionnel d'accroître sa compétence et au consommateur d'augmenter son plaisir.

LE VIGNERON

LE CONTRÔLE DE LA QUALITÉ GUSTATIVE DES CÉRÉALES ou de la viande s'exerce seulement *a posteriori*, et non pendant le temps de la production ou de l'élevage. Le vigneron, lui, ne sait pas produire du vin sans le déguster tout au long de son élaboration. L'implantation actuelle des vignobles de qualité est le résultat direct de millions de jugements gustatifs sur les vins produits depuis des décennies, voire des siècles. Aujourd'hui, tous les producteurs de vins, à la différence de ceux qui ne produisent que le raisin, se sont dotés d'une bonne formation. Au risque d'étonner, on peut dire que cette formation est devenue juridiquement obligatoire pour être viticulteur. Les connaissances à acquérir s'imposent autant pour la viticulture que pour la vinification de la commercialisation des vins. Pratiquement tous les (jeunes) vinificateurs bénéficient aujourd'hui d'une formation scolaire (BEPA, BTA, BTS, œnologue, ingénieur) qui intègre l'apprentissage de la dégustation. Les connaissances de base sont complétées par l'activité professionnelle et différents stages organisés dans les vignobles par les syndicats viticoles et les chambres d'agriculture. Chaque année des milliers de praticiens, exploitants et salariés, suivent des formations destinées à approfondir un thème technique particulier (cépages, techniques viticoles et œnologiques…), à connaître des vins issus d'autres terroirs que le leur, à apprendre à juger un vin dans le cadre d'une Appellation ou à le présenter à un acheteur professionnel ou amateur. Cet apprentissage n'est jamais réellement terminé ; il suscite la prise de conscience de ses lacunes personnelles ; il est une leçon d'humilité mais aussi la source d'un grand enthousiasme devant la diversité des nouveaux plaisirs rencontrés. Le professionnel en tire enseignement et inspiration.

LE COURTIER

LE COURTIER, DONT LA PROFESSION EST SI MAL CONNUE, est le rouage essentiel de l'immense majorité des ventes de vin. Depuis toujours, il permet au vigneron de présenter son vin au négociant, puis d'organiser matériellement, financièrement et administrativement les transactions en réglant les innombrables problèmes concrets, usuels ou exceptionnels qu'elles soulèvent. Les bouleversements récents de la distribution — exportation, grande distribution — n'ont guère changé le rôle et l'omniprésence de ce professionnel discret qui, en quelques décennies, est passé de la voiture à cheval sillonnant les campagnes à Internet. L'évolution générale de cette profession a conduit à mieux en organiser les conditions d'accès, notamment par l'incorporation d'une épreuve de dégustation dans l'examen de contrôle obligatoire. Cette formalisation d'une pratique immémoriale est un signe fort de l'importance qui lui est aujourd'hui accordée.

LE NÉGOCIANT

LA QUASI-TOTALITÉ DES VINS EST COMMERCIALISÉE par un ou plusieurs négociant(s) — 90 à 95 % à Bordeaux, par exemple — avant de parvenir au magasin, au restaurant, à la cave personnelle. Dans ce métier, la fonction d'acheteur, sur qui repose la décision d'acquérir un lot plutôt qu'un autre, est décisive pour la prospérité et jusqu'à la survie de l'entreprise. Un prix n'a de sens que rapporté au contexte économique du moment et à la qualité du vin par rapport à son origine (zone, millésime). Le développement continu de la mise en bouteilles « au château » a accru l'importance déjà considérable de cette activité en supprimant toutes possibilités d'intervention dans les chais d'assemblages. Ces assemblages conservent leur importance dans la plupart des régions et exigent une qualification très fine pour produire régulièrement les meilleurs « vins de marque » possibles. L'exemple traditionnel des « cuvées » de champagne, ou de cognac, qui doivent assembler des dizaines de vins différents dans leurs justes proportions, témoigne parfaitement de la complexité de ces tâches. La bonne élaboration des « vins maison » exige une connaissance générale, en permanence affinée par la confrontation avec les vins déjà produits et avec ceux qui les élaborent. Obtenir (presque) toujours le même vin final à partir d'innombrables lots très dissemblables est un exercice infiniment subtil.

LES JURYS D'AGRÉAGE ET DE CONCOURS

AUJOURD'HUI TOUS LES VINS D'APPELLATIONS ET LES VINS DE PAYS, soit 75 à 80 % de la production française, sont « agréés ». En d'autres termes ils ne peuvent être vendus qu'après obtention d'un « certificat d'agrément » délivré par l'Institut national des appellations d'origine (INAO) ou par l'Office national des vins (ONIVINS) à l'issue d'une analyse et d'une dégustation conformes. Un jury, généralement composé de trois personnes choisies parmi les producteurs, les négociants, les courtiers et les œnologues, décide que l'échantillon anonyme qu'ils dégustent est ou n'est pas digne de la dénomination revendiquée. Il peut arriver — après appel — dans certains cas, qu'une récolte ou un lot soit déclassé, parfois même détruit : la perte économique peut alors être considérable. On comprend que, la responsabilité des jurés étant immense, ils doivent être sélectionnés parmi des personnes ayant démontré leurs capacités, résultat de leur formation, de leur expérience et de leurs prestations antérieures. Il n'est guère d'autres produits à devoir systématiquement subir de tels contrôles exercés par des tiers. Malgré leurs imperfections humaines, les nombreux jurys constitués ont largement participé au développement des vins de qualité français puis, plus tardivement, des vins étrangers.

Les dégustations de concours sont d'une autre nature. Leur objet n'est pas de sanctionner les vins déficients ou insuffisants mais de mettre en valeur les meilleurs. L'incidence économique est plus restreinte mais appréciable : le travail n'en est pas plus facile pour autant, surtout lorsqu'il s'agit de « médailler » des vins très différents par leur origine, leur âge ou leur type. La multiplication actuelle de ces concours entraîne une hétérogénéité de conclusions due essentiellement à la composition des jurys. Il est difficile, mais souhaitable, de faire une bonne synthèse à partir des avis d'un consommateur, d'un sommelier, d'un producteur et d'un œnologue, qui jugent tous selon leurs usages. On n'évite pas toujours de privilégier les « vins à concours », toujours bons mais plus consensuels que personnalisés. L'organisation d'une quinzaine de « Concours de Bordeaux — Vins d'Aquitaine », qui regroupe plus de 2 000 vins équivalant à environ 150 millions de bouteilles, nous incite à la prudence et à la rigueur. Il est impératif de privilégier les concours qui portent uniquement sur des échantillons prélevés par des agents accrédités, pour un volume précis et important, qui seront dégustés dans le calme par des jurés locaux connaissant bien les vins en compétition. L'acheteur de ces vins médaillés sait, dans ces conditions, qu'il acquiert les meilleurs représentants des vins de chaque AOC, chaque millésime.

LE SOMMELIER

LE SOMMELIER EST LE DERNIER JUGE DU VIN, immédiatement avant le consommateur. Il doit acheter les vins adaptés à la cuisine et à la clientèle de son restaurant puis, table par table, proposer la bouteille qui s'accordera le mieux avec les menus choisis, avec les préférences et les moyens financiers de ses clients. Quelle gageure ! Les écoles de sommellerie assurent ces formations et l'on trouve parmi les sommeliers les dégustateurs les plus aptes à reconnaître les vins et les alcools. Cet exercice très spectaculaire n'a de sens que s'il est une vraie *reconnaissance* d'un vin déjà goûté, parmi l'infinité de ceux qui existent… Ce travail difficile est très différent de ceux que nous venons de voir, plus orientés vers la caractérisation d'un vin que vers son identification. Toute autre identification de cru, de millésime est le fruit du hasard, de la magie ou du trucage ; certains s'y adonnent. Plus quotidiennement, l'essentiel de la tâche du sommelier consiste à extraire d'une carte connue mais évolutive la bouteille la plus adaptée au plaisir des convives, puis à la leur présenter en quelques mots positifs. Notons que le sommelier peut aussi proposer d'organiser le menu autour des vins, même si la procédure inverse est plus courante. On ne peut que regretter que cette fonction, même dans une forme simplifiée, reste bien rare dans les restaurants, et encourager ceux qui la pratiquent ; c'est bien dans ces lieux de convivialité que la plupart des vins sont consommés ; c'est là qu'ils se transforment et parfois se transcendent. Une carte des vins lisible, précise, avec quelques « mini-descriptions » est aussi peu coûteuse que profitable au restaurant et agréable au client.

LES CAVISTES

« CAVISTE : 1) CHARGÉ DE L'ÉLABORATION DES VINS ; 2) CHARGÉ DE LA CAVE À VINS. » Nous parlerons ici de la deuxième fonction, celle du responsable des vins à la vente en « micro-, mini, super- ou hypermarché ». Essentiellement commerciale, cette activité mérite de s'appuyer sur une connaissance approfondie des produits à acheter, à classer, à stocker, à présenter et à vendre. Que de différences entre l'antique cave qui débitait les vins au fût et les « têtes de gondoles » des « foires aux vins » actuelles ! Pourtant, dans les deux cas, il faut un relais entre un ensemble de vins disponibles, de toutes origines parfois, et une infinité de clients potentiels aux goûts figés ou flottants qu'il faut combler et, si possible, fidéliser. Le vin continue à vivre entre caviste traditionnel de quartier et jeune manager, provoquant souvent la rigueur chez l'un et l'enthousiasme chez l'autre.

LE CONSOMMATEUR

« LE DÉBOUCHÉ DU VIN EST D'ÊTRE DÉBOUCHÉ », disait un grand président de cave coopérative. Cet aphorisme rappelle opportunément que le vin n'existe que pour le plaisir que procure sa consommation. Chacun tranche *in fine* : « J'aime, je n'aime pas. Je rachète, je ne rachète pas. » Depuis quelques années il est de bon ton — parfois sans éviter les mots alambiqués — d'expliciter longuement ce choix très simple. Il convient ici de souligner que l'appréciation sensorielle est première et essentielle alors que l'expression verbale est seconde et secondaire. Il est aussi facile et superficiel de « bien parler » sans goûter que complexe et profond de « bien sentir » sans parler. Pour concilier ces deux activités totalement complémentaires, chaque œnophile prendra autant de plaisir à fréquenter les « écoles de dégustation » qu'à visiter les chais, profiter des « portes ouvertes » dans les vignobles ou, tout simplement, comparer deux vins avec des amis. La lecture des bons livres ou des revues peut donner une large culture vineuse sur les cépages, les sols, les techniques et les définitions classiques, mais nous n'insisterons jamais assez sur le fait que la connaissance d'un vin est d'abord sensorielle. Ici et là l'inflation des termes a généré des approximations, des lieux communs, des erreurs, des incongruités — dont nul n'est à l'abri — bien plus regrettables que les respectables et fécondes divergences d'opinions.

ET LES GOUROUS ?

DEPUIS QUELQUES ANNÉES, il est de mode de reprendre l'opinion de tels ou tels dégustateurs connus. Pour être bref, disons que chaque avis d'expert est à prendre en considération s'il est donné par une personne formée et donc modeste dans le cadre de dégustations vraiment anonymes, avec une attention et une durée suffisantes, en plusieurs occasions espacées dans le temps et l'espace, hors des pressions amicales ou financières. De vrais points de repère permettent ainsi de trouver sa voie personnelle. Est-ce toujours ainsi ?

LES ÉTUDIANTS

POUR TOUS, ÉTUDIANT OU NON, l'apprentissage de la dégustation suit à peu près le même chemin pédagogique : techniques d'observation par la vue, le goût, l'odorat, les saveurs élémentaires, l'équilibre des saveurs, les odeurs familières, les saveurs et les odeurs des vins, « analyse sensorielle » de vins, « synthèse gustative » et description. À partir de cet itinéraire aux variantes infinies, chaque « école » établit son programme selon sa culture, ses élèves, le temps disponible. Le schéma général mis au point par Émile Peynaud dans les années cinquante, et présenté dans ce livre, sert de référence à beaucoup. Chacun peut s'en inspirer pour se former et se perfectionner.

CHAPITRE 10

La qualité et les qualités des vins

La qualité commence quand la comparaison s'arrête.
Karl Lagerfeld, 1987.

[...] les gens boivent ce qu'ils méritent et ceux qui se réfugient derrière les étiquettes boivent des étiquettes.
Jean-Guy Loustau, 1988.

COMMENT DÉFINIR LA QUALITÉ

« LA QUALITÉ SE CONSTATE PLUTÔT QU'ELLE NE SE DÉFINIT » (Pisani) ; « La qualité d'un vin s'éprouve plus qu'elle ne se prouve » (Poupon). Américains, Italiens ou Espagnols l'expriment de la même façon : « *Quality in wines is much easier to recognize than to define* » (Amerine) ; « *La qualita del vino e una caratteristica difficile da definire in maniere completamente univoca* » (Paronetto) ; « *La calidad es un concepto que indica simplemente una preferencia del consumidor hacia un producto, sugestionado por una moda o una propaganda* » (Larrea).

Une définition simple et évidente est celle-ci : « La qualité d'un vin est l'ensemble de ses qualités, c'est-à-dire de ses propriétés qui le rendent acceptable ou désirable. » La qualité est le résultat d'une rencontre entre le vin, avec ses caractéristiques, et le consommateur, avec ses préférences, sa culture, ses conditionnements du moment. Derrière chacune de ces définitions se profile l'homme qui boit le vin : la qualité n'existe que par lui, par son jugement, par son goût, par son plaisir. C'est la qualité du consommateur qui fait celle du vin qu'il boit, mais il existe une qualité plus objective, d'autant plus certaine qu'elle est reconnue par davantage de connaisseurs.

Dès le début du XVIIe siècle, Olivier de Serres définissait ainsi les conditions de la qualité : « l'air, la terre et le complant ». Ces éléments sont responsables de la qualité innée d'un vin, tandis que l'homme est l'instrument de la qualité acquise. Remarquons cependant que rien n'est tout à fait inné dans un produit agricole transformé. Les conditions naturelles ne sont que des virtualités qu'il convient de révéler. Il est difficile d'imaginer de nos jours les conditions dans lesquelles a été créé le patrimoine viticole dont nous avons hérité ; les tâtonnements — le mot est faible — des vignobles jeunes, du continent américain et d'ailleurs, confirment ces difficultés. Le climat et la terre d'élection des vignobles ont été choisis par l'homme parmi beaucoup d'autres possibles. Les terrains ont été sans cesse maintenus, entretenus, bonifiés par le travail. Les cépages ont mis des siècles à trouver leur plein épanouissement, grâce à la main de l'homme : rien de moins naturel que le cep de vigne d'un vignoble de qualité, qui n'est pas lui-même un simple don de la nature.

Par ailleurs le vin n'est pas tout le raisin … c'est un « extrait de raisin » ne contenant que les fractions utiles des acides, des tanins, des arômes mêmes. Les fermentations alcoolique et malolactique réussies ajoutent leurs « produits secondaires », transforment les constituants des raisins en leur conférant de nouveaux mérites. L'élevage, comme son nom l'indique, élève encore la qualité, la révèle vraiment, comme l'éducation d'un enfant fait apparaître l'adulte. La qualité n'existe que si elle est voulue, recherchée et patiemment attendue. Le vin n'est pas un produit « naturel » au sens strict du terme, mais un produit « élaboré » qui justifie la formule du baron Le Roy, longtemps président des Appellations d'origine contrôlée : « La qualité est sans cesse perfectible parce qu'elle est essentiellement œuvre humaine. »

LA QUALITÉ DU VIN EST DU DOMAINE DE L'ŒNOLOGIE

LES PROGRÈS DE LA CONNAISSANCE VITICOLE ET ŒNOLOGIQUE sont la raison majeure de l'évolution et de l'amélioration de la qualité des vins, tout particulièrement depuis 1960 — l'année 1959 pouvant être considérée comme le dernier millésime, à Bordeaux, de l'époque « ancienne ». Beaucoup se demandent si les grands vins actuels ne sont pas inférieurs à ceux du début du siècle : peut-être paraissent-ils plus modestes simplement parce que les mauvais millésimes ont disparu, comme les hommes grands de la cour de Louis XIV nous sembleraient aujourd'hui ridiculement petits. La technique est toujours nécessaire à l'art : Léonard de Vinci était ingénieur ; Yehudi Menuhin savait entretenir son violon.

La première — et très insuffisante — qualité d'un bon vin est l'absence de défauts. La technique est inévitable en ce domaine et nul n'accepte plus des vins troubles, gazeux… Il faut aussi et surtout développer les qualités dans leur complexité profonde, dans leurs différents composants, même si le jugement du consommateur est global et peut se révéler mitigé, voire négatif.

On parle parfois de qualité *objective*, d'essence réglementaire, cadrée par des normes précises, depuis la plantation jusqu'au service à table, et de qualité *subjective* ne s'exprimant qu'au moment de la dégustation ; c'est la *qualité* du goûteur qui donne ses limites à l'objectivité. La réglementation définit et garantit une qualité minimale, qu'elle incite à améliorer grâce à la technique viticole et œnologique, qui en fournit les moyens. La qualité n'est pas due à une certaine teneur en tel ou tel produit mais à des équilibres complexes de constitution. L'analyse physico-chimique ne laisse aucun

CHATEAU LAFITE-ROTHSCHILD
1983
PAUILLAC
APPELLATION PAUILLAC CONTRÔLÉE
PRODUCT OF FRANCE
75cl

espoir de définir analytiquement les vertus d'un vin et ne saurait exprimer la différence entre le vin commun et le grand vin. Elle permet, en revanche, de bien mesurer un défaut et de limiter certains constituants provenant des raisins, d'altérations, d'additions ou de souillures. Les mécanismes de l'Assurance-Qualité, selon les normes ISO-9000 et assimilées, s'appliquent aussi au vin, en complément de l'appréciation de la qualité organoleptique, bien plus ancienne et de principe très différent. Le vin est très certainement, depuis des décennies, le produit usuel le mieux encadré par les textes réglementaires.

Depuis 1960, le professeur Masquelier a mis en évidence l'essentiel des vertus hygiéniques des vins, qui ont été reconnues plus récemment par L. Perdue et la théorie du « paradoxe français » et quotidiennement confortées par de nouvelles études.

Selon la formule d'un dirigeant de la viticulture : « La qualité est un état d'esprit, une volonté et un souci permanents de faire mieux. » Ce progrès résulte du savoir de ceux qui élaborent les vins mais aussi de la connaissance des amateurs. Les bons vins affinent le goût des consommateurs qui contribuent alors à faire progresser la qualité des vins.

SUR LA NOTION DE CRU

L'INGÉNIEUR GEORGES SILORET REMONTE AUX SOURCES du mot « cru » : « Nous avons récolté ce vieux mot de la langue française, comme on ramasse un caillou de rivière, formé d'une pierre dure et lointaine, qui a changé plusieurs fois de forme et de nuance en passant par des courants très divers (populaires, linguistiques, scientifiques, administratifs et juridiques). »

Le mot « cru » est le participe passé du verbe croître, ou plutôt exactement de la forme ancienne « croistre ». Son orthographe, de « creu » au XVIe siècle, se transforma en « crû » et enfin en « cru ». Dans le domaine qui intéresse le dégustateur, ce terme, au sens large, signifie « production viticole », une notion complexe qui englobe un ensemble d'activités : production agricole, de transformation et commercialisation. Il faut noter que le mot « cru » n'a pas de réelles traductions en espagnol, italien, allemand, anglais...

Selon les régions ou les époques, le cru peut représenter une *zone* — le cru Juliénas, par exemple — ou une *exploitation viticole* — le « Château » bordelais. Le cru bordelais réunit la triple activité évoquée ci-dessus. Fortement ancré dans un petit lieu géographique et lié à une appellation, il en est le promoteur et l'emblème et contribue à lui donner sa réputation ; il est devenu également une marque commerciale. Dans certaines régions — Champagne, Cognac... —, la *marque commerciale* efface le cru proprement dit et s'identifie à lui.

La notion de cru englobe de nombreux éléments : le site, le sol, le climat, les cépages, les techniques, l'homme et son savoir-faire, la qualité, la notoriété. Si l'un d'entre eux manque, il n'y a pas de cru.

Le terroir est « l'assiette du vignoble » ; il dépend du sol de surface, du sous-sol, du régime hydrique et de l'exposition. On peut classer les vins d'après la topologie de leurs vignobles et distinguer ainsi les vins de fleuves, les vins de littoral, les vins de montagne, les vins de plateaux, les vins de piémont, les vins de vallée et les vins de plaine. En France, il est commode de distinguer les vins « atlantiques », « méditerranéens » et « continentaux ». Dans une même appellation, on peut distinguer les vins de graves ou de calcaire (Saint-Émilion, par exemple). Dans tous les cas l'alimentation en eau des racines est décisive pour éviter l'excès ou la carence en humidité lors de la maturation, comme l'a très bien montré G. Seguin.

Plus récemment le marketing a proposé les « vins de cépage », issus de zones parfois très vastes, puis de « vins de cépages », puis de marques, réinventant ainsi une histoire déjà séculaire !

À PROPOS DE MILLÉSIMES

MILLÉSIME : « CHIFFRES DE L'ANNÉE DU CALENDRIER GRÉGORIEN apposés sur les bouteilles pour garantir l'année de production. » On pourrait ajouter « depuis 1582 ». Le millésime est la date de naissance du vin ; il authentifie l'âge d'un vin et permet à l'amateur de choisir, selon son goût et les circonstances, entre un vin jeune ou un vin vieux. Très différent d'une date de péremption, c'est un guide pour une consommation optimale. Les récoltes étant, en Europe viticole tout au moins, très différentes d'une année à l'autre, le millésime donne une première information sur la qualité possible de la bouteille. Chaque millésime a son type, son évolution, sa réputation, sa cotation. C'est pourquoi toute la production des grands vins est millésimée. Le millésime fait partie de la personnalité du vin. On dit parfois qu'il domine le cru, ce qui signifie qu'il y a plus d'analogie entre les vins de crus différents d'une même année qu'entre les vins d'un même vignoble d'années différentes. Il est parfois plus facile de reconnaître un millésime qu'un cru. Certains vins — les champagnes par exemple — ne sont millésimés que pour les récoltes de qualité supérieure.

Le millésime naît des hasards climatiques ; il n'y a jamais deux vendanges totalement identiques et l'on ne refait jamais le même vin. Le climat joue un rôle décisif pour les raisins parce que leur maturation dure quarante-cinq jours et qu'ils restent sur pied jusqu'à son terme. Le raisin mûr est très fragile. Le mauvais temps pendant les vendanges peut tout compromettre ; en revanche, le soleil peut produire une surmaturité bénéfique.

Bonnes et mauvaises années se succèdent sans lois apparentes, sans prévisions possibles. Le tableau ci-après récapitule les notations de la faculté d'œnologie, de 1924 à 1998, pour les vins rouges de Bordeaux. Chacun peut discuter tel détail ; la hiérarchie demeure. On connaît de glorieux millésimes isolés — 1945, 1947, 1949 —, groupés par paires — 1928-1929, 1961-1962, 1975-1976 —, plus rarement par trois — 1988-1989-1990.

Répartition qualitative des millésimes rouges à Bordeaux

	Catégorie qualitative							
	Mauvaise	Médiocre	Moyenne	Assez bonne	Bonne	Très bonne	Exceptionnelle	Total
	1963	1927	1925	1938	1924	1928	1929	
	1965	1930	1935	1939	1926	1934	1945	
		1931	1957	1940	1933	1937	1947	
		1932	1960	1946	1942	1943	1949	
		1936	1969	1967	1944	1952	1961	
		1941	1984	1973	1948	1953	1982	
		1951	1993	1977	1950	1955	1985	
		1954			1962	1959	1989	
		1956			1971	1964	1990	
		1958			1974	1966		
		1968			1979	1970		
		1972			1980	1975		
		1992			1981	1976		
					1983	1978		
					1987	1986		
					1991	1988		
					1994	1996		
					1995	1998		
					1997			
Nombre	2	13	7	7	19	18	9	75
%	3	17	9	9	25	24	12	100

D'après Faculté d'Œnologie de Bordeaux (1924-1996)

Le classement des millésimes fait partie de cette érudition professionnelle naturelle qui surprend toujours les « étrangers » au monde du vin. Un vin ne peut être noté en valeur absolue mais seulement par rapport à ses pairs issus de la même récolte. La hiérarchie des millésimes est difficile à établir avec équité. Il s'agit de comparer des qualités annuelles moyennes pour des vins d'âges variés. Comment, par exemple, rapprocher aujourd'hui le modèle 1995, synthèse imaginaire des appellations de cette récolte, des archétypes 1975, 1970, 1961, qui sont en bouteilles depuis plusieurs années et ont diversement évolué ? On comprend les discussions sans fin que soulèvent de tels classements mais, avec le temps, un large accord se fait entre dégustateurs sur le niveau et l'homogénéité des millésimes. Selon les années, tel cru, telle région, tel cépage peut se détacher. La hiérarchie des millésimes peut être un peu différente entre les médocs et les saint-émilion ; elle est souvent très différente entre les blancs secs de Graves et les liquoreux de Sauternes, dans un même canton ; dans les autres régions de France, elle peut être inversée.

Tous les amateurs connaissent bien les innombrables codes des millésimes édités par les compagnies, les académies, les organisations viticoles, la presse spécialisée, les

agendas ! On note sur 20 points, on donne des étoiles, des bouteilles, des verres... On indique la qualité actuelle ou future et la date optimale de consommation. Ces classements ne s'accordent pas toujours : il y a partout des non-conformistes, des provocateurs, voire des ignorants. Une simplification abusive serait de séparer les millésimes en deux catégories : les bons et les mauvais. Il est devenu plus juste de dire : « Il n'y a plus de mauvaises années, il n'y a que des années difficiles. » La sélection des vendanges et les techniques modernes permettent de tirer le meilleur parti de chaque raisin et d'obtenir toujours le meilleur vin possible. Certains amateurs de peu d'imagination cantonnent leurs expériences aux grands vins des grands millésimes. Ils ignorent la formule de l'acheteur habile : « Petits crus, les grandes années ; grands crus, les petites années. » Dans tous les cas, l'essentiel est de « saisir » chaque vin à son optimum, plus bref pour les vins plus modestes.

On a beaucoup plaisanté sur le retour fréquent de l'expression « millésime du siècle ». Et pourtant il en faut bien un pour chaque génération ! Pour nous, il n'existe qu'un millésime du siècle à Bordeaux, œuvre à la fois d'un climat exceptionnel et d'une technologie moderne : 1961. Il a fallu oublier les 1975 pendant quinze à vingt ans. Quant aux 1928, 1929, 1945, ils n'existent plus qu'à de rares exemplaires. Ils n'ont d'ailleurs jamais été pleinement satisfaisants. L'œnologie a dû se battre longtemps contre leurs défauts d'une autre époque. Les millésimes récents qui postulent actuellement au titre séculaire sont 1982, 1985, ou encore 1990. L'avenir jugera d'après leur tenue et les qualités des concurrents à venir.

LE VIN, CE REFLET DE NOTRE CIVILISATION

« LE VIN EST UNE DES CHOSES LES PLUS CIVILISÉES DU MONDE », a dit le romancier Ernest Hemingway. Comme le pain, le vin a valeur de symbole ; il est intimement lié à notre mode de vivre et de penser, à notre très vieux et très respectable patrimoine. Le pain était autrefois l'élémentaire et indispensable nourriture ; le vin représentait le plaisir et la joie. Nous sommes de la civilisation de la vigne ; les racines de cette liane ne peuvent plus être séparées des racines de notre histoire. Les Sumériens de Gilgamesh puis les Grecs et les Romains ont diffusé dans le même temps la philosophie et la culture de la vigne, le goût du vin et le goût des arts. La France a conservé cet héritage ... c'est « un pays où l'histoire de la vigne et du vin éclaire celle du peuple tout entier » (R. Dion).

Le vin est à la fois l'image du peuple qui le récolte et de la région qui le produit. Ce n'est ni un don de la nature ni un fruit du hasard : l'homme doit intervenir à tous les instants. Le vin évolue comme évolue notre civilisation. Il n'y a rien de commun entre le goût de notre vin et celui que les Anciens conservaient par addition de sel, de résine, de poix ou d'épices ; rien non plus de comparable avec les vins du Moyen âge vendus avant le printemps suivant la récolte car ils ne se conservaient pas davantage ; peu d'analogie encore avec les vins du siècle dernier qui ont fait pourtant la réputation de nos appellations, mais qui étaient verts, astringents, de petits degrés (souvent moins de 10) et s'altéraient souvent. En 1938, on se régalait de vins qui seraient aujourd'hui refusés à la plus banale dégustation : le vin de nos grands-parents ne nous plairait plus, pas plus que nous plairaient les conditions de vie de leur époque.

Au cours d'une génération, les goûts alimentaires changent, comme les préférences en matière de vins. Après la grande vogue des vins blancs doux, la clientèle a recherché des vins plus secs, plus légers, moins nutritifs en quelque sorte. On a aimé les vins blancs vieillis, presque madérisés ; on recherche aujourd'hui dans un vin blanc la fraîcheur, la jeunesse, la saveur du raisin. Pour les vins rouges, le consommateur accorde sa préférence à des vins de faible astringence, d'acidité plus basse, d'un degré plus élevé, ce que les professionnels appellent des vins souples. Ils sont plus vite prêts à être consommés. La mode des vins rouges très riches, très

concentrés, très boisés reste heureusement limitée, voire en régression chez les vrais connaisseurs : ce sont plutôt des vins « de dégustation » que de « plaisir de boire ».

Le vin doit rester le compagnon de notre vie et l'image de notre civilisation, en bénéficiant des nouvelles techniques qui sont mises en œuvre. Le modernisme en matière de vinification ne saurait être un danger s'il est assujetti à notre tradition de respect du vin. Le vin, aujourd'hui comme hier, continue — comme il le fera demain — à symboliser cette double communion avec le sol et la nature, à travers le mystère végétal et le miracle des fermentations, puis avec l'homme qui l'a voulu et qui a su, pour l'élaborer, déployer ses connaissances, son travail, sa patience, ses soins et son amour, car il n'y a pas d'œuvre valable sans amour, sans passion, sans *aficíon*, disent nos amis espagnols.

LE VIN ET LA JOIE DE VIVRE

LE VIN A TOUJOURS ÉTÉ CONSIDÉRÉ COMME GAI, euphorisant mais nous récusons, pour notre part, l'euphorie rêveuse ou bruyante liée à une alcoolémie anormale. Il est triste d'avoir le vin gai ! Qui peut imaginer de boire lorsqu'il ne peut plus « déguster » ce qu'il goûte ?

La bonne bouteille, avant même d'être débouchée, évoque la fête. La gaieté du vin qui coule est communicative. Elle invite à parler de vins frivoles, drôles, rieurs. à l'opposé, on parle de vins sérieux. Le plus joyeux des vins est certainement le vin effervescent. Il y a promesse de gaieté déjà dans le service, avec le seau à glace et la serviette enroulée comme un cache-col, le bruit du bouchon qui saute, la mousse folle qui déborde de la flûte.

Oui, le vin possède une aura enjouée. Il suffit à un professionnel du vin de décliner son identité : « Ah ! Vous êtes dégustateur ! » dit l'interlocuteur avec le clin d'œil sous-entendant les délices supposées de pareil métier. Il pense : « Vous ne devez pas vous ennuyer ! » Il ignore évidemment la tension des sens du goûteur, la fatigue de la répétition des tests, la discipline, la disponibilité, la santé qu'exige ce métier. Il ne voit que la gaieté du vin, même s'il est abstinent. Les mots de Bourgogne, de Bordeaux... évoquent plus leurs vins que leurs églises romanes, leurs usines d'aérospatial ou leur club de football !

Le vin est ce que l'on a trouvé de plus agréable comme utilisation de l'énergie solaire. Des milliers de feuilles de vignes à l'hectare, tournées vers le soleil du matin et du soir, captent les rayons lumineux. Le cep de vigne stocke cette énergie, sous la forme la plus savoureuse, dans les baies de ses raisins. Les vins vieux sont toujours des souvenirs de beaux jours ; c'est le temps retrouvé. La sagesse populaire a raison : le vin est vraiment du soleil en bouteilles ; c'est pour cela qu'il est gai et réchauffe le cœur et l'esprit.

L'AVENIR DU VIN

LA CIVILISATION DU VIN CONQUIERT LE MONDE. Peu de peuples échappent à son attrait : le Nord-Américain, le

Japonais, le Chinois, l'Indien... découvre la boisson européenne. Les « vieux » buveurs de vin — français, espagnols, italiens, argentins, chiliens, uruguayens... — boivent moins mais beaucoup mieux. Le « vin-boisson » s'incline devant le « vin-plaisir ».

La vigne se répand sur le globe, partout où le soleil lui permet de mûrir ses fruits. Implantée depuis longtemps en Afrique du Sud et en Amérique du Sud, elle a abandonné la frange nordique, jusqu'à Stockholm, où elle végétait jusqu'au siècle dernier. La vigne et le vin ont été diffusés par les nations économiquement fortes, capables des investissements nécessaires dans la durée, maîtresses des conditions commerciales. La vigne s'est développée en Occident avec la puissance romaine, puis a régressé dans les périodes de barbarie. Les vins renommés aux XVIe et XVIIe siècles, à l'époque des conquistadores et de l'empire sans coucher de soleil, furent les vins espagnols ; on buvait à Paris des vins d'Alicante ou des Canaries. La suprématie française au XVIIIe siècle s'accompagna de la primauté des vins français ; nous recommençâmes à exporter des vins de Bordeaux, de Champagne, de Bourgogne. Dans le même temps, les grandes puissances maritimes, tour à tour les Pays-Bas et l'Angleterre, faisaient commerce de vins et aidaient à la création des grands vignobles.

Dans ce monde viticole en expansion, dans les forces commerciales en présence, quelle est la place des vins français ? quelles sont leurs chances dans cet affrontement ? La renommée de nos vins est ancienne et reste première. Les cépages français sont devenus universels alors que leurs frères italiens ou espagnols voyagent peu. La technologie irréprochable et les installations enviables réalisées à l'étranger sont souvent des copies de nos appellations françaises, parfois un peu caricaturales ou naïves, mais souvent aussi fort estimables.

Nous sommes de ceux qui pensent que les « bons » vins, dans leur formidable diversité, d'où qu'ils viennent, servent la cause des autres bons vins. Il y a plus émulation que concurrence et, si les « nouveaux vins » peuvent inquiéter par leur dynamisme, ils doivent surtout maintenir éveillés, ou réveiller, les négligents. La meilleure réponse passe par des qualités sans cesse améliorées, inaccessibles car personnalisées, uniques. Sans refaire le monde des vignobles et des chais, nous insistons sur le fait que le vin apprécié est une rencontre réussie entre un vin et un dégustateur, à un moment donné. Ces occasions de grands et de petits plaisirs sont innombrables mais pas systématiques. Les vins standardisés ne peuvent satisfaire durablement des amateurs curieux. Une (dé)formation du goût par des repères uniformes risquerait de faire disparaître tous les vins personnalisés, hors normes. L'histoire viticole de ces dernières décennies confirme surabondamment le cycle des produits qui apparaissent, se développent et disparaissent, en quelques années. Qui se rappelle encore que certains ont écrit à une époque que l'avenir de la viticulture était le « vin-boisson », les vins rouges sucrés et/ou gazeux, les « vins » aromatisés, etc., tous produits pratiquement disparus des linéaires ? A *contrario* les « vrais bons vins » existent souvent depuis des siècles, avec de très fortes évolutions, ou se développent progressivement, chacun auprès d'une « cible » particulière, éventuellement répartie dans le monde entier. Le marketing a parfois dit : « Tel vin avec tout » ou « faisons le vin pour tel marché ». Il est plus raisonnable de dire : « Il y a un vin pour chacun ». Les grandes réussites actuelles stabilisées, traditionnelles ou récentes, sont des vins qui ont trouvé des amateurs, bien rarement des vins fabriqués pour tels clients. Au-delà de ces considérations générales, il convient surtout d'inviter tous les amateurs à distinguer le bon grain de l'ivraie. Sans trop de naïveté, insistons pour que le « dire » et le « faire » aient un minimum de cohérence. Est-ce trop demander qu'un vin aux caractères boisés ait été élevé en barriques, qu'un vin de tel cépage soit à 100 % de ce cépage ? Il est de ces pratiques légales, ici ou là, qui ne paraissent guère légitimes. Les textes français des Appellations d'origine contrôlées (AOC) ont fixé des règles, déjà évoquées et très perfectibles, depuis 1935. Nul n'est obligé de s'y référer mais c'est un tout non fractionnable dans ses principes.

CHAPITRE II

Le savoir-boire

Le savoir-boire doit être précédé d'un savoir-écouter puis complété d'un savoir-dire.

Pierre Poupon, 1973.

LA SOIF

NOTRE CORPS, CONSTITUÉ DE CINQUANTE À SOIXANTE POUR CENT D'EAU, en élimine chaque jour, deux à trois litres et, exceptionnellement, davantage. Il faut en absorber une quantité équivalente pour compenser ce déficit. La première sensation de soif est celle qui traduit la nécessité physiologique de boire de l'eau. C'est la soif physiologique, qui permet quotidiennement d'équilibrer le bilan hydrique du corps. Dans des conditions de vie normales, l'homme n'attend pas d'avoir soif ; il boit par habitude, la plupart du temps à heures fixes, et couvre ainsi par anticipation ses futurs besoins. Il applique en somme à la lettre le conseil de Rabelais : « Beuvez toujours avant et la soif jamais ne vous adviendra ! »

Au-delà de cette exigence strictement physiologique, on boit pour satisfaire des besoins divers. La soif alimentaire, notamment, accompagne l'ingestion de nourriture. On boit en mangeant pour imbiber et ramollir les aliments, en diluer les sucs, faciliter mécaniquement la déglutition et la descente vers l'estomac. Plus le repas est abondant, plus la nourriture est sèche et plus, instinctivement, l'absorption de liquide est importante.

On a parlé également d'une soif de rinçage après l'absorption d'un aliment très aillé, très salé ou très épicé. Il ne s'agit pas d'une véritable soif, mais boire rafraîchit et calme le feu des muqueuses. Le mot « désaltérer » prend ici son vrai sens. De la même façon, après une saveur désagréable, amère ou styptique, on éprouve le besoin de boire, comme pour se nettoyer la bouche.

La soif peut correspondre aussi au plaisir de rafraîchir les muqueuses de la bouche et de la gorge. Cette soif gourmande ne se satisfait pas de l'ingestion de n'importe quel liquide ; elle incite plutôt à privilégier les sensations du goût. Il y a des moments où l'on boirait bien quelque chose, mais pas n'importe quoi, pas de l'eau plate notamment, mais une boisson plus attrayante. Cette soif physiologiquement inutile est une soif acquise par un penchant et une habitude. Elle répond plus à la recherche d'une jouissance qu'à un besoin naturel. C'est à cette soif « de luxe » que s'identifie la soif du vin. En effet, à lui seul, le vin ne saurait assouvir sans quelque danger notre besoin physiologique d'eau journalier ; il faudrait boire deux ou trois bouteilles par jour !

En réalité, la vraie fonction du vin est de satisfaire la soif alimentaire. C'est ainsi qu'il est bu par les peuples de la vigne, au cours des repas, pour accompagner la nourriture, comme une gourmandise supplémentaire, un condiment liquide. On ne boit pas du vin par besoin, mais pour le plaisir. Nous aurions tendance à croire même — mais nous sommes partiaux — qu'il n'y a pas de véritable gastronomie sans le goût du vin. Les grands vins ont été conçus pour être bus en mangeant. La fraîcheur acide des vins blancs, la tannicité des vins rouges, leurs arômes et leurs bouquets s'harmonisent et ajoutent à la flaveur des mets. La dégustation du vin à table souligne et exalte le plaisir confondu de manger et de boire.

On peut accepter aussi et encourager l'usage du vin pour apaiser la soif gourmande. Certains vins ont été créés pour cela : vins mousseux, vins liquoreux, vins spiritueux, vins de dessert. Les peuples anglo-saxons et quelques autres boivent du vin en dehors des repas, à toute heure et en toute occasion, ce qui explique qu'ils préfèrent les vins légers, tendres et coulants. Si la mode des vins de café et de comptoir est longue à revenir, on note la faveur nouvelle du vin à l'apéritif ; aussi bien que des préparations plus complexes, il prépare les papilles et ouvre l'appétit sans saturer ou agresser.

LE SERVICE DES VINS : LE DÉBOUCHAGE DE LA BOUTEILLE

SANS DOUTE LE BOUCHON ET LE TIRE-BOUCHON ont-ils été inventés simultanément par la même géniale personne dès que la bouteille et le bouchon de liège se sont généralisés, à partir du XVIIIe siècle. Aujourd'hui, comment faut-il ouvrir une bouteille et servir le vin au mieux de son intérêt ? Tout — et son contraire — a été dit sur ce sujet et redire est forcément confirmer l'avis des uns et infirmer celui des autres. Si la bouteille tenue couchée dans son casier ne présente aucun dépôt, elle ne nécessite pas de préparation particulière, quel que soit son millésime. Elle peut être débouchée et servie dès qu'elle est à la température voulue. En revanche, si elle présente quelques sédiments, il faut la redresser sans la secouer et la laisser debout vingt-quatre ou, mieux, quarante-huit heures avant de la servir. Le dépôt glissera le long de la paroi sans troubler le vin.

Tout le monde croit savoir ouvrir une bouteille. On commence par détacher la partie supérieure de la capsule en la découpant au couteau *au-dessous* de la bague de la bouteille et l'on découvre ainsi le dessus du bouchon. C'est souvent la partie la moins présentable. Il arrive que l'on découvre des touffes de moisissures, des odeurs de champignon, du vin aigri ou quelques insectes, les teignes du bouchon. Il faut nettoyer soigneusement cette zone avec un linge propre ou un papier souple *avant de retirer le bouchon.* C'est maintenant qu'intervient le tire-bouchon. Il en existe de nombreux modèles, mais peu sont fonctionnels. Ils pèchent surtout par la forme de la spirale, trop courte et trop mince, mal adaptée, avec un pas trop petit, à bords coupants, et qui s'étire et se déforme à l'usage. On oubliera les tire-bouchons à traction manuelle, dont l'utilisation relève de la performance sportive puisqu'il faut aller parfois jusqu'à un effort de traction de 40 kilogrammes pour que le bouchon cède ! Ils n'ont qu'un avantage : ils provoquent le bruit sympathique de l'implosion du bouchon qu'on arrache. Il existe des modèles à losanges déformables qui démultiplient l'effort. On évitera le gadget à aiguille creuse et à pression de gaz carbonique, explosif et brutal, qui ébranle le vin et son dépôt. Il faut préférer un bon tire-bouchon à levier ou « sommelier ». Mieux encore, on peut utiliser un tire-bouchon à vis auquel aucun bouchon normal ne résiste. Il y a peu nous vint d'Amérique le *screwpull*, simple et évident comme l'œuf de Colomb. Il surpassa les autres mais ses copies sont moins convaincantes. Après quelques lustres de contact avec le vin, le liège perd sa texture, le bouchon obture alors moins bien et se désagrège sous la vis du tire-bouchon ; on doit parfois le retirer par morceaux.

Les bouteilles de champagne (mais est-il besoin de le dire ?) s'ouvrent à la main. On les décapsule et on les démuselle, puis, en les maintenant dans la position légèrement inclinée et en les faisant tourner doucement, on donne du jeu au bouchon avec le pouce et on le fait céder à la torsion. Il faut retenir le bouchon lorsqu'il est poussé par la pression pour éviter qu'il saute. La mousse ne déborde pas si la bouteille est tenue un peu inclinée. Si le bouchon résiste, il faut s'aider d'une pince plate spéciale, qui fait partie de l'outillage des professionnels et qui facilite le débouchage. Le sabrage reste un exercice militaire, pas une pratique de gourmet.

Une question revient lorsque l'on parle du service des vins : doit-on déboucher les bouteilles longtemps à l'avance ou au moment de servir ? En réalité, *il est indifférent de débou-*

cher une bouteille trois heures avant de servir ou au dernier moment. Il ne se passe rien, physiquement et chimiquement, en deux ou trois heures de simple débouchage. Il ne peut y avoir d'évaporation et l'oxydation est infime. Il n'y a donc qu'une façon intelligente d'ouvrir une bouteille : juste avant de passer à table ou juste avant de la boire. Cela permet à l'hôte de contrôler les vins qu'il offre ou au sommelier d'ouvrir la bouteille devant les convives, ce qui nous paraît, dans les deux cas, être la moindre des prévenances.

QUAND DÉCANTER ?

LA DÉCANTATION DES BOUTEILLES (on dit aussi le décantage), opération qui consiste à séparer le vin limpide de la lie qu'il a formée, était autrefois très pratiquée. Elle était certainement indispensable dans le passé, quand on ne savait pas éviter les sédiments excessifs. Un rite s'est créé, qui se perpétue même s'il a perdu son utilité. Nous connaissons des producteurs qui travaillent à l'ancienne, c'est-à-dire mal. Pour répondre aux doléances des acheteurs mécontents et leur donner le change, ils doivent placer une contre-étiquette cherchant à expliquer le bien-fondé de la présence de lie dans une bouteille jeune ; la ruse ne convainc que l'ignorant.

La formation de dépôt est un phénomène naturel pour les vins rouges, à partir de trois à cinq ans, ou plus. Un dépôt n'est plus tolérable dans un vin rouge jeune ou dans un vin blanc, sauf peut-être le dépôt de « tartre », si facile à éliminer au service à table. Le dépôt le plus naturel mélangé au vin ou entraîné dans les derniers verres servis gêne la dégustation. Les particules en suspension modifient la structure, rendent le vin rouge amer et rugueux. La première règle est facile à retenir : *sera décantée seulement la bouteille qui présente un dépôt*, quels que soient la nature du dépôt et l'âge de la bouteille. Une bouteille sans dépôt sera servie directement.

Les choses se compliquent lorsqu'on passe aux effets de l'aération, c'est-à-dire de la faible dissolution d'oxygène qui accompagne inévitablement la décantation. Pour les uns, l'aération est toujours favorable et nécessaire. D'après eux, le bouquet des vins vieux, retenu dans la bouteille par l'herméticité du bouchage, est libéré et se développe au contact de l'air. Ils n'hésitent pas à décanter tous les vins, et longtemps à l'avance, dans le but simplement de les aérer. Pour d'autres, l'aération est toujours nuisible et, si elle est prolongée, elle affecte l'intensité et la finesse du bouquet. Ceux-là ont pris le parti de ne jamais décanter, quelle que soit l'importance du dépôt. Des opinions aussi tranchées sont difficiles à défendre. Elles découlent d'observations fragmentaires, de généralisations hâtives et de prises de position empiriques qui excluent les positions nuancées.

Il a été fait des dizaines d'essais systématiques de décantation sur des vins de tous âges et de toutes origines avec ou sans interférence de l'oxygène. La première règle qui peut s'énoncer est celle du *Traité d'œnologie* de Jean Ribéreau-Gayon et Émile Peynaud : « C'est une faute certaine que de décanter les vins vieux (quelle qu'en soit l'origine) plusieurs heures avant leur consommation, car leur bouquet, fruit de processus de réduction accomplis lentement à l'abri de l'air, disparaît ou s'atténue, plus ou moins vite selon les vins, à la suite d'une aération même légère. » Édouard Kressmann, qui allie tradition et expérience, décante toujours au dernier moment, à plus forte raison s'il s'agit de vins très vieux, « plus délicats et sensibles que leurs cadets ». Nous avons rencontré des vins vieux à deux doigts de la décrépitude, mais fort buvables, qui ne supportaient pas une décantation et viraient dans la carafe. En revanche certains petits défauts, des caractères de « réduit », certains goûts étrangers, des excès de gaz carbonique sont améliorés par une aération.

La deuxième règle importante en matière de décantation pour ne jamais commettre d'erreurs est la suivante : *s'il y a nécessité de décanter, on le fera toujours au dernier moment, juste avant de passer à table ou juste avant de servir, jamais à l'avance.*

Quant à la troisième règle, elle s'applique à des cas d'espèce : *seuls les vins qui ont quelque défaut à se faire pardonner* (manque de netteté olfactive, présence de gaz, légère maigreur ou autres) *justifient une décantation anticipée au large contact de l'air.*

En plaisantant un peu, on pourrait dire que l'idéal serait de toujours prévoir deux bouteilles pour chaque vin : la première à goûter pour savoir s'il faut ou non décanter, la seconde à boire, avec ou sans décantation selon les résultats observés sur la première !

COMMENT DOIT-ON DÉCANTER ?

SELON ÉDOUARD KRESSMANN, « [...] le décantage doit se faire avec tendresse : verser lentement ; tenir le carafon penché pour que le vin coule le long de la paroi et non pas en un jet venant s'écraser sur le fond de la carafe. On surveille la limpidité à travers l'épaule de la bouteille et, dès que le dépôt qui s'y amasse paraît vouloir se laisser entraîner, on redresse brusquement la bouteille pour l'y retenir. » On appelle cela décanter sur place. On peut aussi dresser la bouteille quelques jours à l'avance et la décanter dans la pièce où elle sera bue. Sans conteste, la carafe de cristal met en valeur le vin qu'elle offre, mais privé de son étiquette et donc d'état civil, le meilleur vin accroche moins l'intérêt et tombe dans l'anonymat. On peut suspendre le bouchon étampé en sautoir autour du col de la carafe avec la chaînette conçue à cet usage. Certains préfèrent la présentation de la bouteille étiquetée et reversent le vin décanté dans la bouteille d'origine après l'avoir vidée de sa lie et bien rincée. S'il n'est pas forcément préjudiciable, le procédé n'en provoque pas moins une double aération.

Il existe des machines à décanter avec un système de manivelle et de vis. Certains restaurants et « bars à vins »

pratiquent la vente de « grands crus » au verre à l'aide d'un dispositif de soutirage par pression d'azote, sans aération : le vin reste très agréable quelques jours. Des maisons traditionnelles de Bourgogne décantent les vieilles bouteilles avant leur expédition, non plus en déplaçant le vin mais en aspirant les sédiments concentrés dans le fond de la bouteille debout. Nous admirons ces inventeurs de microtechniques raffinées sans lesquelles la meilleure bouteille ne saurait être parfaite. Ils nous montrent l'importance que présente jusqu'au verre l'ultime préparation du vin, dernier obstacle à franchir avant le plaisir de la consommation.

L'ART DE TEMPÉRER LES VINS

TEMPÉRER EST PRIS ICI DANS LE SENS DE « DOSER LA TEMPÉRATURE dans une juste proportion ». Tempérer un vin, c'est donc lui donner la température choisie pour le boire. Cela consistera tantôt à le refroidir, le rafraîchir, tantôt à le réchauffer, le chambrer. Par contre, frapper un vin ou le glacer, ce serait le descendre à une température inférieure à 8 °C, ce qui n'est pas conseillé, non plus que de le tiédir ou de le réchauffer au-delà de 20 °C.

« Chambrer » est un mot d'usage récent (1873 d'après Littré, 1907 d'après Alain Rey), signifiant « mettre à la température de la pièce où l'on boit » (*Le Robert historique*) ou, plus judicieux, pour qu'il « atteigne naturellement la température idéale de dégustation » (*Grand Usuel Larousse*). Aujourd'hui, on ne doit retenir que la notion de température idéale, souvent très inférieure à celles de nos maisons et de nos restaurants surchauffés. Le meilleur vin ne résiste pas à une température de 20-22 °C, ou plus ! Le maximum pratique à ne pas dépasser est 18 °C.

L'art de tempérer les vins exige une grande précision. Avec les moyens actuels, il est plus facile de refroidir au degré exact que de réchauffer. On peut calculer les temps de séjour en fonction de la température initiale, de la température désirée et de celle du local : l'observation simple, si possible avec un thermomètre pour commencer, suffit le plus souvent. Les prudents conseillent des élévations ou des baisses de température très lentes. L'idéal serait de placer la bouteille plusieurs heures dans une ambiance à la température conseillée.

Réchauffer une bouteille dans l'eau chaude, dans l'air chaud d'un radiateur ou devant un feu de bois, est à déconseiller car localement une partie du vin dépasse la température admise. Une modification rapide de la température d'une bouteille debout produit en effet des différences importantes entre le haut et le bas. Le four à micro-ondes chauffe bien mais avec des mouvements de convection très excessifs ! Chambrer à la température ambiante, dans une pièce à bonne température est la solution la plus conseillée. Si la bouteille de vin vieux contient un dépôt et doit être décantée, elle pourra être chambrée à l'avance.

Pour refroidir une bouteille, des expériences méticuleuses montrent qu'à la condition d'obtenir le même niveau thermique à 1 °C près, il n'y a aucune différence gustative significative entre le refroidissement dans le seau à glace, au réfrigérateur ou au congélateur. Le seau à glace est pratique et expéditif mais son emploi nécessite le mélange des couches supérieures de la bouteille qui émergent du liquide glacé, et des couches inférieures plus froides. Dans le réfrigérateur la bouteille sera couchée pour éviter ces irrégularités. Il est très raisonnable et nullement saugrenu d'envisager le rafraîchissement d'un vin rouge trop chaud exposé dans les salles de restaurant à des températures criminelles. Le sommelier devrait entendre cette originalité du client comme une semonce. En été, les vins rouges bus « fraîcheur de cave » (14 °C) seront placés avec profit, pendant le repas, dans un seau d'eau froide. Si l'on sert un vin rouge tempéré à 16 °C dans un verre à 23 °C, température de l'ambiance, il atteindra bien vite 18 °C ou 19 °C. Si l'on sert dans les mêmes conditions un vin blanc refroidi à 8 °C, on le retrouve à 11 °C. On en tiendra compte dans cet art complexe de présenter les vins à la température optimale.

SUR LA CORRESPONDANCE DES VINS ET DES METS

SAVOIR PLACER UN VIN DANS UN MENU fait partie de l'art de la table, de l'art de vivre. Une erreur en ce domaine est une faute de goût et une maladresse qu'un bon vin ne mérite pas. Ce qui nous intéresse dans ces pages, c'est de découvrir, au-delà des préférences et des habitudes personnelles, les raisons profondes de l'orthodoxie établie. Nous considérons ici que les mets doivent valoriser les vins, l'inverse étant trop souvent pratiqué.

Au cours des repas nous recherchons instinctivement une certaine harmonie entre le goût de ce que nous buvons et le goût de ce que nous mangeons. Ces impressions alternées ou qui se chevauchent ne doivent pas se contrarier ou se neutraliser mais se faire valoir mutuellement. L'accord doit se réaliser à la fois sur les intensités des impressions, sur leur nature et sur leur qualité. Une boisson riche en flaveur s'accommode mal de la fadeur d'un aliment trop neutre. Une boisson insipide coupe court à l'agrément d'une cuisine savoureuse. Il n'y a peut-être que dans le cas de plats trop relevés que des boissons simples et fraîches seront préférées pour éteindre la soif de « rinçage » qu'ils ont allumée.

Une certaine concordance des arômes et des goûts entre le solide et le liquide va de soi mais il est aussi nécessaire de respecter un équilibre qualitatif. Une cuisine lourde et rustique appelle une boisson désaltérante, alors qu'un vin raffiné perdrait contenance. On peut rater l'effet d'une préparation culinaire recherchée et délicate parce qu'on l'a accompagné d'un vin grossier. Les bons principes de cette harmonie répondent à l'une des trois conditions nécessaires : analogie, association, unité des qualités sensorielles. Néanmoins, l'attrait peut naître aussi d'une complémentarité ou d'un contraste. Certaines toques ou certaines plumes, souvent par souci d'originalité et horreur du conventionnel, prennent le contre-pied des recommandations habituelles. S'il s'agit d'une agréable fantaisie dans un domaine où sied mal trop de rigueur, nous sommes les premiers à applaudir certaines audaces d'un jour, mais on n'oubliera pas que les outrances répétées frôlent vite le mauvais goût.

Il n'est guère de vins qui vont avec tout mais il existe un vin pour chaque plat. L'étonnante diversité des types de vins assure d'en trouver toujours un (et même plusieurs) qui pourra être associé à un plat donné, à quelques exceptions près cependant. Seul le vinaigre, serait-il de Xérès ou un authentique *balsamico*, dessert toujours le vin. On peut y ajouter les asperges, les glaces et les entremets au chocolat qui « exigent » nos meilleurs banyuls ou maury, comme nous l'a si bien appris P. Torrés.

D'une manière générale, les vins blancs s'harmonisent au mieux avec des nourritures peu colorées : les chairs blanches (viandes, abats, volailles ou poissons), les sauces blanches ou blondes. L'association des couleurs prépare l'association des goûts. Les qualités aromatiques des vins blancs qui rappellent le fruit, leur légèreté de constitution, leur fluidité font qu'ils s'accordent mieux aux préparations les plus fines et qu'ils conviennent moins bien aux mets forts en saveurs. Ils sont reconnus comme les partenaires privilégiés des produits de la mer. Leur saveur efface le salé et est rehaussée par lui. On a parlé joliment de « vins de coquillages », de « vins de crustacés », de « vins de poissons », dans l'ordre de leur constitution, du plus nerveux au plus charnu, du plus jeune au plus vieux, du plus sec au plus tendre. Qui n'a pas été le témoin d'accordailles réussies : le muscadet ou l'entre-deux-mers sur la douzaine de vertes de claires, la copita d'amontillado sur les gambas, le pessac-léognan ou le meursault sur la sole meunière ? Les propriétés désaltérantes des vins blancs sont mises encore à profit pour accompagner certaines spécialités épicées ou les charcuteries, les légumes verts cuisinés, les fromages frais, les fromages à pâte grasse et les fromages de chèvre, qui écrasent la plupart des vins rouges. On pourrait remplacer « vins blancs secs » par « vins rosés » ou même par « vins rouges légers », c'est-à-dire jeunes et très pauvres en tanin, bus assez frais.

Beaucoup ignorent les charmes des vins blancs demi-secs à liquoreux pour beaucoup de cuisines douces : bouchées à la reine, ris de veau, cervelle, quenelles, grandes préparations de

poissons et de volailles blanches, fromages bleus, etc. Seul un vieux vin liquoreux (barsac, banyuls ou maury) peut résister à un plat aigre-doux ou à un canard à l'orange ou aux cerises. Chacun connaît le jumelage du sauternes et du foie gras, mais on ne pratique pas assez l'alliance du vin liquoreux et des fromages « bleus » ou autres fromages forts. Il y a là une étonnante harmonie de contraste ; l'onctuosité de leur douceur est à la mesure de l'intensité des sensations et adoucit le piquant. Un vin blanc sec est écrasé, un vin rouge paraît trop amer.

La riche constitution des vins rouges et leur complexité savoureuse les prédisposent à accompagner des mets à saveurs plus fortes. Leur couleur foncée s'accorde déjà avec celle des viandes rouges, des sauces brunes, des sauces au vin. Leur tanin réagit avec les protéines des viandes et des fonds de sauce, des fromages à pâte dure ou demi-dure. Les matières azotées effacent ainsi l'amertume tannique. Le vin est flatté par l'aliment. C'est pourquoi un grand vin rouge ne se révèle vraiment qu'avec le mets approprié. Les vins rouges légers ou très vieux seront réservés aux viandes jeunes (veau, agneau), aux volailles, au petit gibier à plumes. Les vins tanniques, dans la force de l'âge, supportent les viandes rouges de bœuf, de mouton et les viandes noires du gros gibier, de la palombe ou de la bécasse. Leur bouquet de fruit, d'épices, de truffe et d'aromates, s'associe fort bien à cette classe de mets alors qu'il détonne avec les odeurs de poisson. Ce n'est guère que dans le cas de préparations au vin rouge, comme la lamproie à la bordelaise, la matelote, qu'on est autorisé à servir un vin rouge jeune et charnu (celui de la sauce, suggère le puriste). Le tanin du vin rouge lui interdit l'approche du salé et du sucré ; ces saveurs le font paraître plus dur, plus amer.

Au cours du repas, la sensibilité sensorielle diminue : lorsqu'on sert plusieurs vins, il convient de les présenter selon une gradation de saveurs. Il est de règle de commencer par le vin le plus léger et de terminer par le plus corsé. Il est donc justifié de goûter d'abord les vins blancs pour finir par des vins rouges plus étoffés. Un bon précepte encore est d'éviter la concurrence que se font des vins de même type et de même niveau. Il ne faut pas non plus « attaquer trop haut », dirait le sommelier, c'est-à-dire sortir trop tôt la bouteille prestigieuse ; il est habile de placer d'abord un vin qui la fera valoir. Enfin, contrairement à ce qui se pratique, il est conseillé d'attendre, à chaque service, pour verser le vin, que les plats aient été passés. Ce détail nous paraît important car ainsi les convives mangent avant de goûter le vin et se trouvent dans les meilleures dispositions pour le juger.

Plus le vin est grand, plus son service demande d'attention et de rite. On boit banalement un vin banal mais, quand arrive la grande bouteille, quelque chose doit avoir discrètement averti et préparé les hôtes à cette rencontre. C'est tout l'art de servir, l'art de vivre. Ils se demanderont longtemps pourquoi ce soir-là les vins avaient atteint cette ineffable harmonie.

DU BON USAGE DU VIN

CEUX QUI ONT ÉTUDIÉ L'HISTOIRE DES BOISSONS ALCOOLISÉES s'accordent sur le caractère universel de leur fabrication : celle-ci est presque partout attestée à partir du moment où une société atteint un certain niveau technique et qu'elle passe d'une économie de cueillette à la culture du sol et à la transformation des produits naturels. Avant ce stade, l'homme fumait, mastiquait ou faisait infuser des substances végétales à propriétés stimulantes, stupéfiantes ou provoquant le rêve. Cette recherche constante des substances tranquillisantes ou onirigènes suggère qu'elles correspondent à un besoin, à une fonction sociale et à un mécanisme mental communs à l'homme de toujours et de partout.

Le produit fermenté représente souvent une forme plus stable de conservation. Pourtant le but de cette transformation d'un produit n'était pas de stocker une nourriture à base de fruits ou de grains. Ce n'était pas non plus seulement la recherche d'une saveur à laquelle il fallait parfois s'accoutumer, mais plutôt celle d'un plaisir intense dû aux sensations d'exaltation, de dépassement, de vertige que donnent l'ivresse et son approche. Dans l'euphorie alcoolique, l'homme se dédouble et a l'impression de sortir de lui-même. L'ivresse avait un caractère sacré chez les peuples primitifs. Pas de fêtes sans beuveries ; les choses importantes se traitaient aussi la coupe à la main. Boire, c'était aussi prouver sa virilité, sa vaillance.

Plus tard, avec le monothéisme, l'ivresse perdit sa fonction religieuse et une civilisation du vin se développa peu à peu. Le vin est réputé pour donner de l'esprit et mettre en belle humeur ; il dope et excite à la repartie. La convivialité du vin est légendaire ; on ne saurait boire seul. Jean-Jacques Rousseau traitait les buveurs avec une indulgence touchante : « Généralement parlant, ils ont de la cordialité, de la franchise ; ils sont presque tous bons, droits, justes, fidèles, braves et honnêtes gens. » Olivier de Serres était plus réaliste et plus sage, deux cents ans plus tôt, lorsqu'il disait en parlant du vin : « Beu en petite quantité, esveille et fait revivre celui qui, par défaillance de cœur, se meurt ; en une grande, endort et tuë l'yvrongne : devenant instrument de toute intempérance, pour ceux qui dissoluëment en abusent : et au contraire, esguisant l'esprit prins selon son legitime usage. »

En réalité le savoir-faire fut long à acquérir et l'on ne peut prétendre qu'il soit de nos jours tellement répandu ; l'éloge de l'ivresse n'a toujours pas disparu, même s'il est plus rare chez les amateurs de bons vins.

On peut définir trois aspects dans les rapports de l'homme et du vin.

1. *Le plaisir des sensations gustatives* qu'il procure. Espérons que ce livre a permis de mieux les connaître et de mieux les rechercher.

2. *Ses effets physiologiques, nutritionnels, pharmacodynamiques.* L'alcool du vin est « à la fois un aliment de choix et une nourriture dangereuse, un bienfait et une malédiction,

un révélateur et un déprédateur de la personnalité » (Trémolières). Le vin est bien plus qu'une dilution alcoolique du même degré que l'alcool qu'il contient.

3. *Sa saveur psychologique, sociale et culturelle.* Le vin, boisson des peuples latins puis chrétiens, reste encore aujourd'hui chargé de valeur symbolique ; il apparaît comme un élément culturel, étroitement lié à la civilisation occidentale.

Le savoir-boire fait donc partie du savoir-vivre au même titre que le savoir-manger. Plus peut-être, car il est plus facile d'abuser de la boisson que de la nourriture. La limite de l'appétit provoque un blocage, tandis que l'imprégnation alcoolique n'arrête pas toujours le buveur. Ce qui pousse l'homme à boire, c'est d'abord la recherche d'une volupté et il faut une bonne maîtrise de soi pour rester un buveur raisonnable.

Pour définir l'art de boire, nous dirions qu'il obéit à deux règles : la mesure et le bon goût, et qu'il se résume en deux formules simples : « *Boire peu, mais boire bon* » ou encore « *Boire peu, pour pouvoir en profiter longtemps* ». Ce sont certainement les bons vins qui permettent le plus aisément de se tenir à cette conduite. Ils enseignent la tempérance à qui veut bien écouter leur message. C'est avec le vin et sa dégustation que l'homme peut apprendre la façon civilisée de boire, donc de vivre.

Bibliographie

AFNOR, 1991, *Contrôle de la qualité des produits alimentaires, Analyse sensorielle*, 4e édition, Paris.

L'AMATEUR DE BORDEAUX, *Le goût*, Cahier 1992.

AMERINE M.A., PANGBORN R.M. et ROESSLER E.B., 1965, *Principles of sensory evaluation of food*, New York, Academic Press.

AMERINE M.A. et ROESSLER E.B., 1976, *Wines, their sensory evaluation*, San Francisco, Freeman and Co.

BUFFIN J.-C., 1987, *Le Vin, Pratique de la dégustation*, Paris, Synthèses.

BLOUIN J., 1994, *Guide d'initiation à la dégustation*, Bordeaux, Chambre d'agriculture de la Gironde.

BRILLAT-SAVARIN A., 1982, *Physiologie du goût*, Collection Champs, Paris, Flammarion.

BROADBENT M., 1975, *Wine tasting*, Londres, Christie Wine Pub.

CADIAU P., 1987, *Lexivin/lexiwine*, Savigny-les-Beaune, P. Cadiau.

CHATELAIN-COURTOIS M., 1970, *Les Mots du vin et de l'ivresse*, Collection Le français retrouvé, Paris, Belin.

COSTE P., 1987, *Les Révolutions du palais*, Paris, J.-C. Lattès.

CHAUCHARD P., 1994, *Les Messages de nos sens*, Collection Que sais-je ?, Paris, Presses Universitaires de France.

CHAUVET J., 1950, *L'Arôme des vins fins*, Paris, Bulletin de l'INAO.

1955, *La Physico-chimie des surfaces et l'arôme des vins fins*, Paris, Bulletin de l'INAO.

CLOQUET J., 1906, *L'Art de la dégustation des vins*, Bruxelles, Lebeque.

COTTET J., 1976, *La Soif*, Collection Que sais-je ?, Paris, Presses Universitaires de France.

ENJALBERT H., 1975, *Histoire de la vigne et du vin, L'avènement de la qualité*, Paris, Bordas.

FAURE A., 1844, *Analyse chimique et comparée des vins du département de la Gironde*, Bordeaux, Bulletin de la Société d'agriculture de la Gironde.

GOT N., 1958, *Le Livre de l'amateur de vins*, Béziers, Sodier.

GYLLENSKÖLD H., 1967, *Att temperera vin*, Stockholm, Wahlström et Widstrand.

JULLIEN A., 1826, *Manuel du sommelier*, 4e édition, Paris, A. Jullien.

KLENK E., 1950, *Die Weinbeurteilung*, Stuttgart, Eugen Ulmer.

LEGLISE M., 1984, *Une initiation à la dégustation des grands vins*, Marseille, Jeanne Laffitte.

LE MAGNEN J., 1949, *Odeurs et parfums*, Collection Que sais-je ?, Paris, Presses Universitaires de France.

1951, *Les Goûts et les saveurs*, Collection Que sais-je ?, Paris, Presses Universitaires de France.

1962, *Vocabulaire technique des caractères organoleptiques et de la dégustation des produits alimentaires*, Paris, Centre national de coordination des études et recherches sur la nutrition et l'alimentation.

1965, *Les Bases sensorielles de l'analyse des qualités organoleptiques*, volume 19, Paris, Annales de la nutrition et de l'alimentation.

LESGOURGUES J.-J., 1993, *Le Vin émoi*, Biarritz, Presses SAI.

LURTON S., 1991, *Vocavin*, Paris, Média Vins.

LUXEY J., 1984 à 1989, *Les Dégustations du grand jury*, 6 volumes, La-Celle-Saint-Cloud, Jacques Luxey.

LOPES VIEIRA A., 1971, *Prova de vinhos*, Lisbonne, Editorial Noticias.

MAC LEOD P. et SAUVAGEOT F., 1986, *Bases neurophysiologiques de l'évaluation sensorielle des produits alimentaires*, Tec et Doc, Paris, Lavoisier.

MAZENOT R., 1977, *Le Tastevin à travers les siècles*, Grenoble, Les Quatre-Seigneurs.

MILNER M. et CHATELAIN-COURTOIS M., 1983, *L'Imaginaire du vin*, Marseille, Jeanne Laffitte.

NINIO J., 1989, *L'Empreinte des sens*, Paris, Odile Jacob.

OLHOFF G. et THOMAS A.F., 1971, *Gustation and olfaction*, New York, Academic Press.

PEYNAUD É., 1981, *Connaissance et travail du vin*, Paris, Dunod.

1988, *Le Vin et les jours*, Paris, Dunod.

PIJASSOU R., 1974, *in La Seigneurie et le vignoble de Château Latour*, Bordeaux, Fédération historique du Sud-Ouest.

POUPON P., 1957, *Pensées d'un dégustateur*,

1975, *Nouvelles pensées d'un dégustateur*, Nuits-Saint-Georges, Confrérie des Chevaliers du tastevin.

1973, *Plaisirs de la dégustation*, Paris, Presses Universitaires de France.

PUISAIS J., 1985, *Le Goût juste des vins et des plats*, Paris, Flammarion.

PUISAIS J., CHABANON R.L., GUILLER A. et LACOSTE J., 1969, *Précis d'initiation à la dégustation*, Paris, Institut technique du vin.

RIBÉREAU-GAYON P., DUBOURDIEU D., DONÈCHE B., LOUVEAU A., 1998, *Traité d'œnologie*, Paris, Dunod.

RIBÉREAU-GAYON J. et PEYNAUD É., 1961, *Traité d'œnologie*, tome 2, Paris, Ch. Béranger.

RIBÉREAU-GAYON J., PEYNAUD É., RIBÉREAU-GAYON P. et SUDRAUD P., 1975, *Sciences et techniques du vin*, tome 2, Paris, Dunod.

SAUVAGEOT F., 1982, *L'évaluation sensorielle des denrées alimentaires*, Tec et Doc, Paris, Lavoisier.

SARFATI C., 1981, *La Dégustation des vins, Méthode pédagogique et exercices pratiques*, Suze-la-Rousse, Université du vin.

SCHUSTER H., 1989, *Plaisir du vin*, Paris, Solar.

SERRES M., 1985, *Les Cinq sens*, Paris, Grasset.

SPURRIER S. et DOVAZ M., 1984, *La Dégustation*, Paris, Bordas.

TORRES P., 1985, *Le Plaisir du vin*, Paris, Jacques Lanore.

TRÉMOLIÈRES J., 1975, *Diététique et art de vivre*, Paris, Seghers.

VEDEL A., CHARLE G., CHARNAY P. et TOURMEAU J., 1972, *Essai sur la dégustation des vins*, Mâcon, Société d'édition et d'informations viti-vinicoles.

VINCENS J., 1906, *L'Art de déguster les vins*, Toulouse, J. Vincens.

Crédits photographiques et légendes des photographies

Couverture : Ph. © J.-L. Barde – Scope.

Page VIII : Ph. © J.-L. Sayegh – Scope.

Page 4 : Philippe Mercier (1689-1760) – *Le Jeune dégustateur*. Paris, Musée du Louvre © Réunion des musées nationaux.

Page 12 : Ph. © J.-L. Barde – Scope.

Page 20 : Chai et tastevin. Ph. © F. Jalain – Scope.

Page 25 : Ph. © J.-L. Barde – Scope.

Page 33 : Dégagement de gaz carbonique dans une flûte de champagne. On juge la qualité de la mousse à sa finesse, à la persistance du dégagement, à la tenue du cordon de bulles sur la paroi du verre. Ph. © J.-L. Sayegh – Scope.

Page 41 : Le maître de chai suis ses vins. Le verre est son principal outil de travail. Ph. © M. Guillard – Scope.

Page 49 : Le vin limpide a de la brillance, de l'éclat. Il irradie la lumière. Ph. © M. Guillard – Scope.

Page 56 : Ph. © J.-L. Barde – Scope.

Page 61 : Dans le Médoc, dégustation au cours d'un assemblage. Ph. © M. Guillard – Scope.

Page 68 : Ph. © M. Guillard – Scope.

Page 81 : Le Tastevin, ou tasse à vin, permet d'observer la couleur du vin sous des épaisseurs différentes. Ph. © M. Guillard – Scope.

Page 89 : Dégustation au Château Lastours/Gaillac. Ph. © J.-L. Barde – Scope.

Page 92 : Les verres sont prêts pour la présentation et la dégustation de différents millésimes d'un même cru. Chaque vin recevra sa mention et sa note. Ph. © M. Guillard – Scope.

Page 96 : Ph. © J.-L. Barde – Scope.

Page 100 : Le dégustateur ne connaîtra l'identité du vin qu'en découvrant l'étiquette sous le cache de la bouteille. Ph. © J.-L. Barde – Scope.

Page 120 : Institut d'œnologie, salle de dégustation. Les dégustateurs doivent noter rapidement leurs commentaires afin de restituer le mieux possible les impressions du moment. Ph. © M. Guillard – Scope.

Page 128 : Ph. © J.-L. Barde – Scope.

Page 132 : Le romanée-conti, grand vin de Bourgogne, est un exemple exceptionnel d'équilibre gustatif. Ph. © M. Guillard – Scope.

Page 148 : Ph. © J.-L. Barde – Scope.

Page 156 : Étienne Jeaurat (1699-1789). Le poète Piron à table avec ses amis Vadé et Collé. Paris, Musée du Louvre © Réunion des musées nationaux.

Page 161 : Château de Rully. En parcourant la Bourgogne du nord au sud, on traverse les fameux vignobles de la côte de Nuits, de la côte de Beaune, puis ceux du Mâconnais. Ph. © J.-L. Barde – Scope.

Page 172 : Ph. © J.-L. Barde – Scope.

Page 177 : Le métier de sommelier exige une formation spécifique. Sa compétence, sa culture vineuse et sa mémoire sans cesse renouvelée lui permettent de toujours choisir la bouteille attendue. Ph. © M. Guillard – Scope.

Page 184 : Ph. © M. Guillard – Scope.

Page 189 : L'analyse au laboratoire explique et peut confirmer le diagnostic sensoriel du dégustateur. Ph. © I. Eshraghi – Scope.

Page 192 : Bouchons de champagne. La qualité du bouchon tient également une part importante dans la qualité du vin lors de son vieillissement en bouteille. Ph. © J. Guillard – Scope.

Page 196 : Ph. © J. Guillard – Scope.

Page 204 : Un dépôt naturel peut se former dans la bouteille au cours du vieillissement. La décantation permet de l'éliminer. Cette belle manipulation, lorsqu'elle est bien faite, révèle, grâce à l'aération, toutes les qualités aromatiques d'un vin. Ph. © M. Guillard – Scope.

Page 208 : Les saveurs d'un mets associées à celle d'un vin judicieusement choisi deviennent complémentaires au point de s'enrichir mutuellement, pour la plus grande satisfaction des gastronomes. Ph. © M. Guillard – Scope.